沉[illegible]日本之旅

75%[illegible]%生活

北日本篇

每一個地方，都有它專屬的故事，
謙卑地聆聽，傾聽自然、土地、人文的回音。

吳寧真　著

作者序

「理想的人生就是，隨著櫻前線北上，伴著楓前線回來。」大學一年級在日本美術史課堂，美術老師這麼說，我深受感動，從此養成了追著櫻花和楓葉旅遊的興趣，日本之美正是季節遞嬗之美，而春秋最絢爛卻又短暫，唯有踏出追尋的腳步，才能把美景延長。

旅行是很需要契機的，我人生中有幸碰過許多這樣的引導，例如我小時候，家母一個人跑去環遊法國一個月，這可以說是我最早對旅行產生憧憬的瞬間；又如出國留學前，吳德亮叔叔贈送給我旅遊散文集《靜岡・伊豆：川端康成泡溫泉》，我讀了之後非常嚮往，多次跑到靜岡縣去泡溫泉，想像自己是個養病的文豪，旅館老闆娘把我從被窩裡抖出來，是為了催我趕稿。

德亮叔叔當時還告誡我：「千萬不要學了日文就去當導遊。」我不解其意，直到自己揹著行囊走過好多地方才慢慢理解，旅遊是心靈的養分，能讓我們暫時脫離沉重的現實，得到療癒的機會，短暫的逃避之後，才有更多的勇氣面對明天，如果旅遊本身正是工作，那就少了一個放鬆的機會。

所以能寫這本書，我非常高興，寫書對我來說不是工作，藉著分享旅程，回憶起行程中的所有美好，好似在心中又重走了一次，那場旅行還沒結束，延續到了現在。謝謝出版社給我這個機會，也感謝支持我的家人和給我指引的長輩、大老遠跑到日本來找我出門玩的臺灣友人們、充滿熱情帶我到處玩的日本友人們，也謝謝翻開這一頁的您，希望書中的某一個畫面或文字，能成為旅遊的契機。

這本書裡選取的都是比較「成功」的旅行，行程沒出錯、天氣良好、看到了期望的景色⋯⋯，不過我的旅行中有更多失敗的例子，例如帳篷被暴風雪吹飛、登機前才發現少帶了充電設備、跟旅伴吵架而當眾大哭等等，但事後想想，那也都成為了珍貴的回憶，因為不成篇章，就放一則在這裡吧！

某年冬天我去了長野縣的「霧之峰」，那天氣候惡劣，下大雪而且雲霧繚繞，我們有帶冰爪，霧之峰的登山道是持續的緩坡，較為安全，所以還是上去了，但都已經有了不會看到任何景色的心理準備，果然，這個故事沒有轉折，上山之後本應該能眺望到的北阿爾卑斯連峰優美山容，都籠罩在白茫茫之中，什麼也看不見，大家非常失望，默默地下山了。

下山後我泡在溫泉裡，發著呆仰望漫天的大雪和隱沒在雲霧中的山峰，忽然轉念一想，霧中的霧之峰，不也很棒嗎？沒有霧的霧之峰，哪配叫這個名字啊！泡著溫泉就是個文豪，我詩興大發，寫了一首和歌：「何せむに　霧がみねども　名にし負はむ　夜のほどろにも　沫雪ぞ降る」（為什麼即使看不見霧，還叫做霧之峰呢？夜色將明之時，也下著泡沫般的雪）。

所有或者無趣、或者失落的體驗，最後都會化為甜美甘霖，沉澱在記憶的長河裡，當對生活的無力和痛苦如同烈火燒起，就從記憶之河中掬起水花將其澆熄，對我來說，這就是旅行的意義。唯有深深沉浸在旅途令人炫目的光影中，才能勇敢面對明天。最後，祝願世界能恢復平靜，每個人都能到想去的地方旅行。

吳寧真

吳德亮（兩岸知名作家／詩人藝術家）

疫情肆虐全球，哪裡也去不得，懷念可以到處旅行寫作的快樂時光，好友麗娟適時寄來一本旅遊書《沉浸日本之旅》的部分電子檔，作者是吳寧真，好熟悉的名字。讓我從六月臺北攝氏三十五度的高溫，瞬間徜徉在櫻花簇簇或大雪紛飛的日本綺麗時空，更勾起十多年前的記憶。

二〇〇九年開春，曾任《茶撰》總編輯的麗娟從台中偕同愛女吳寧真來訪，高中畢業不久的她告知即將赴日留學，臉上掩不住的興奮加上堅毅的眼神，讓我特別取出自己的《靜岡伊豆》與《日本之醉》兩本日本旅遊著作相贈，期勉她在日本「讀萬卷書」之餘，更可以「行萬里路」。

時光荏苒，當年的小女生今天不僅風光學成歸國，即將任教於中部某大學，當年的贈書還激發她成了頂尖的旅遊達人——無論是否我的無心插柳（竊喜），在她長達十多年的留學歲月，利用假日與打工所得幾乎跑遍了整個日本，而且寫作與攝影齊發，即將出版十四萬字、圖文並茂的旅遊大書《沉浸日本之旅》，全書共兩冊，分為北日本（北陸以北直達東北、北海道）與南日本（東海道至京都、奈良、大阪及九州、四國、沖繩）兩冊，其中有我曾經旅行採訪、或製作電視《大腳丫遊記》節目的足跡，更多的是我從未去過的名城、名山與名湯，驚人的毅力令人佩服，更多的是滿滿的感動。

細看她寄來的電子檔，介紹的古蹟與庭園就包括了愛知縣的犬山城；岐阜縣的岐阜城、白川合掌村與下呂溫泉；金澤兼六園、日光東照宮等，她的視角不同於一般旅遊書，也沒有時下年輕作者的浮誇，更非單純的平鋪直敘，文筆節奏輕快沉穩而充滿趣味，景物的拍攝尤其精準突出，很快就能讓讀者產生共鳴，這是本書最成功之處。

例如她寫織田信長統一天下的起點「岐阜城」，帶到昭和時代因博覽會而集體「越獄」移居當地的臺灣松鼠，令人莞爾。提到又稱日本白帝城的「犬山城」，也會以唐朝大詩人李白的「朝辭白帝彩雲間，千里江陵一日還」作為完美句點。而寫世界文化遺產的合掌村，開頭的引言：「田野上，一幢一幢三角形的房屋彷彿小精靈的家，殘雪讓遠山白著頭，撒在小屋前，卻只像是薑餅屋的糖霜。世界遺產白川鄉，夢幻的合掌村景致，猶如童話王國」。就已引人入勝，迫不及待想跟著前往了。

旅行之餘，當然也少不了美食，看她婉約的文字娓娓道來：「新鮮的山菜炸成酥酥脆脆的天婦羅，美味的烤魚用鹽簡單調味，當然還有知名的飛驒牛肉，和牛細膩柔軟，比起松阪、近江等地，也許是因為出於大山，帶著一種粗獷的野性風味，別有特色」。或者在下呂溫泉「有機會一定要吃道地的鄉土菜『朴葉味噌』，用大片葉子包裹味噌和飛驒牛肉烤成，帶著葉子的清香，味噌微鹹，搭配白飯剛剛好」。沒有過多的形容詞，一樣讓人忍不住食指大動。

作者的足跡當然不只名城與名湯，書中提到的根津美術館、五島美術館等也是我一直嚮往卻始終未能成行的地方。而看到她寫日本最北方的鄂霍次克海流冰與網走破冰船，以及釧路濕原的丹頂鶴等，儘管多是我曾到訪拍攝過的地域，卻完全顛覆我過去的印象，再度深深吸引了我。加上流暢而不失幽默的文筆，瞬間將時空轉換為活生生的美景，正是我極力推薦本書的最大理由吧！

旅途中點點滴滴美好的回憶，就像灑落滿天的銀河，能夠照亮漆黑的夜空。以我父親來說，這個國家是日本，讓他苦難的人生綻放甘美的絢爛；在我而言，曾與小女寧真一起實踐從東京到京都的東海道旅程，見識大異其趣的風土人情、文化歷程、山海景致，每天都如同豐收日。

大學選修兩年法語的我，畢業後忙於記者工作，竟然有長達十年時間不曾開口說法語，後來，採訪路線從司法調整為美食，重拾往日殘存的片語隻字，突然渴望環法自助旅行，驗證自己所學能否實地應用，揹起大行囊，我上路了。

雖然不曾搭錯任何一班火車、公車，但意外的旅程自有它意外的魅力。在往波爾多的火車上，我被查票員 Serge 兄妹倆說服，放棄觀光客的酒都行程，改到他們家鄉 Hendaye 逗留三天，這裡位處法國與西班牙交界的 Basque 地區，擁有全法最迷人的海灘與山區，搭著渡輪，不到十分鐘就已置身語言、錢幣、小酒館、風情截然不同的西班牙境內，讓我突破框架、打開眼界。Serge 媽媽使用香料植物拌炒的一大盆淡菜，我腆著臉吃到盆底朝天；白天，信步走到噴水廣場聽免費的管弦樂演奏；夜晚，從二樓閣樓天窗伸出頭手觀賞滿天星斗，吹著涼風，半個多小時也捨不得動，這段旅程成為永難忘懷的變奏曲。

閱讀寧真的《沉浸日本之旅》，不由得喚起旅行的嚮往，好似把之前開花後的鬱金香球根再次種進土裡，規劃並等候下一季的奼紫嫣紅。深深感受周遭的人事物景，當個旅人而非遊客，找回失落的自己，也就找到了心的歸屬。

林豔娟

目錄

Chapter 1
古蹟及日式庭園篇

松本城

是因為承載了歷史，古蹟才顯得厚重；是因為聚集了信仰，廟宇才充滿莊嚴；是因為融合了藝術，庭園才格外特別。透過一磚一瓦，夢迴千年之前，不同的文化，造就了不同的風景。

最美建築，源於文化。

犬山城

岐阜城與
金華山

白川鄉

金澤兼六園

日光東照宮

愛知縣　犬山市

犬山城

犬山城是我最喜歡的日式城堡，雖然不太有名，但由於日本的城堡大多是木造建築，極易起火燒毀，再加上明治時代廢藩而拆除了許多，現在只剩十二座天守閣不是後代重建的，而犬山城是其中最古老的，也被列為國寶之一。

犬山城位於名古屋，最近的車站是「犬山」車站或者「犬山遊園」車站，但推薦在犬山車站下車之後，散步過老街（城下町），前往天守閣，之後再順著河川散步回到犬山遊園車站，剛好可以繞一圈。

犬山的老街古色古香，傳統的木造建築充滿浪漫氛圍，很適合租和服漫步逛街，老街上的店家有許多小吃，例如日式糰子串和紅豆湯，也有壽司之類的鹹食，還可以購買這裡最有名的和菓子：拳骨糖（げんこつ飴），拳骨糖是犬山地區特有的傳統糖果，以水飴揉合各種調味材料，例如抹茶、芝麻等，再撒上黃豆粉而成。

面對犬山城，仍能感受到白帝城的巍峨壯麗。

據說最早是犬山城主發明的兵糧，後來慢慢演變成犬山老街的伴手禮。

越過老街，便來到犬山城下的神社，犬山城天守閣位於山崖之上，是典型的易守難攻之城，穿過紅色的鳥居通道，一路往上走，便會到達天守閣前的廣場。由於種滿櫻花，春天的犬山城是賞櫻名勝，遊人如織，粉色的櫻花滿開之時，戰爭的肅殺之氣稍減，添了一些華麗典雅。

犬山城不像很多重新建造的鋼筋水泥城堡，保留了建設當初的巨石與木頭，所以別有一種自然的古風，被磨得發

犬山城內部展示及樓梯，仍保有古風。

從犬山城一角眺望木曾川，視野廣闊。

亮的木地板和從狹小窗櫺中透進來的微光，安靜地敘述著歷史，幾乎垂直的陡峭木階梯，讓人懷疑古代的武士怎麼有辦法穿著鎧甲在這上面跑。小心翼翼地一層一層往上攀爬，到最頂樓時，視野豁然開朗，走出望樓的迴廊，便可俯視整個犬山市，眺望廣闊的木曾川。

遠處的城鎮已全部現代化，只有這座天守閣，仍然是五百年前的樣子，古今交錯融合，有種不可思議的魅力。

從犬山城出來，不妨沿著木曾川走向車站，春天時這裡也開滿櫻花，最適宜散步。

仰望矗立著的國寶犬山城，凜然且獨一無二。

再抬頭遠望犬山城一眼吧！鄰近木曾川的這一面斷崖，襯得天守閣高聳入雲，凜然不可侵犯。

河道開闊，讓我想起了這座城的外號，因為濱臨河畔，立於山崖，形似中國長江旁山頭上的白帝城，所以江戶時代的漢學家荻生徂徠便把它稱為白帝城。如今，真正的白帝城失去了交通樞紐的重要位置，而犬山城也被拆到只剩下孤立的天守閣，不禁令人十分感慨。

「朝辭白帝彩雲間，千里江陵一日還……。」

告別犬山城，沿著河水的流淌往前走，我望見輕舟，望見山岳，又從十六世紀，慢慢走回二十一世紀。

Info

如果是搭乘名鐵電車前往，可以購買套票或一日乘車券，比較划算

犬山城官方網站

犬山旅遊資訊網站

岐阜縣　岐阜市

岐阜城與金華山

由於四周地形低平，三百多公尺高的金華山挺然獨秀，碰上起霧時分，山頂的岐阜城天守閣浮於雲海之上，猶如天空之城。

天守閣高高立定在山頭，標註戰國回憶。

仰望岐阜城，滿滿都是織田信長的歷史縮影。

岐阜城曾稱為稻葉山城，一五六七年時被戰國梟雄織田信長打下，此地從「井之口」改稱「岐阜」，成為織田信長統一天下的起點，「岐阜」也因此聲名遠播，至今仍以織田信長為傲。

每一座城都有它改朝換代的歷史軌跡，戰國亂世結束的現代，「誰是城主」依舊是場無硝煙之爭，有的城只認初代主人，有的城跟隨末代主人，也有的城像岐阜城這樣，覺得某一任城主賦予了它靈魂，便義無反顧地在數百年過後仍奉其為主。

過往曾經毀損過，現在

的岐阜城是一九五六年以鋼筋水泥重建的，建築本身歷史意義較小，但城內作為史料展示室，喜歡戰國時代、忍者，特別是喜歡織田信長的旅客值得一看，頂樓當作展望台，最宜眺望長良川，又因視野開闊，東有木曾御嶽山、日本阿爾卑斯之一的惠那山；西有伊吹、養老、鈴鹿山脈；南有開闊平野；北有乘鞍岳等等，景色十分壯麗。

若只是單純想看天守閣，建議坐金華山纜車上下山，要是有時間體力，則不妨健行散步。

我到金華山時是選擇從

餵松鼠吃手上的飼料，感覺很有愛。

離岐阜車站較近的欅森神社開始登山，雖然路線比較長，但這條登山道緩慢上升，非常好走，途中森林靜謐，只偶爾會碰到幾個應該一樣在散步的當地老人家。

走了一段路之後與七曲路線合流，就一路都是鋪好的石板階梯，從秘林轉為古意盎然的景色。

這時候，森林裡忽然傳來窸窸窣窣的聲音，該不會是野豬吧？我心驚膽顫地回頭尋找，才發現是一隻松鼠正在啃咬著木頭。

哇！竟在進松鼠村之前就看到松鼠了。

沒錯，金華山纜車山頂站前附設有一個松鼠村，也是金華山的必推景點。松鼠村裡有數十隻松鼠，通常都躲在松鼠小屋裡，但遊客進入園區以後會領到一把玉米碎，可愛的松鼠們便會一擁而上，在你手心吃東西，毛絨絨的嬌小模樣療癒極了，有些松鼠不怕人，不但允許撫摸，還會在人身上爬來爬去，只是這些大膽的小傢伙會拿所有見到的硬物來磨牙，可要小心藏好雨傘、飾品等東西，別因為心都融化了，就任由牠們亂咬。

不過看了園方的介紹才知道，其實這些小傢伙們並不是日本松鼠，昭和時代曾在附近的岐阜公園舉行博覽會，其中展出了當時罕見的臺灣松鼠，沒想到松鼠集體「越獄」，逃進了金華山，而金華山中並無松鼠天敵，又富有各種橡實等果實，松鼠便在此地占山為王，最終成了金華山的象徵之一。

使用當地飛驒牛肉製作烹調的漢堡排，出乎意料地好吃。

原來咱們還是同鄉啊！那我不就是大老遠從臺灣來日本看臺灣松鼠嗎？我又感慨又好笑，好吧，松鼠嬌俏可愛，他鄉遇故知，當浮一大白！

但爬山可不能喝酒，在展望餐廳以茶代酒，美美地吃了一頓，準備下山。

下山我走的是百曲路線，路途很短，但地勢較為陡峭，如其「百曲」之名，九彎十八拐異常有趣。

下到百曲路線的登山口，便可以沿著長良川散步，長良川以鵜鶘捕魚聞名，如果碰上

長良川渡船。

「鵜飼」的季節，一定要來此一觀。

最後再抬頭看岐阜城一眼，山不在高，有氣勢就行，崇高倨傲的岐阜城對織田信長死心塌地，這位「第六天魔王」若是地下有知，肯定會是滿意的。

Info

岐阜旅遊可結合下呂溫泉（見溫泉篇）及長良川鵜飼。

岐阜城官方網站

金華山纜車官方網站

幽靜如仙境的合掌村，雪融了。

岐阜縣 庄川流域

白川鄉

田野上，一幢幢三角形的房屋彷彿小精靈的家，殘雪讓遠山白著頭，撒在小屋前，卻只像薑餅屋的糖霜。世界遺產白川鄉，夢幻的合掌村景致，猶如童話王國。

拖著行李，我們入住了民宿，白川鄉少有「飯店」，這也是理所當然的，誰不想住在難得一見的合掌家屋裡呢？

進入古意盎然的木造建築，地板上鋪著榻榻米，房間正中央從天花板垂下吊著的鐵壺，燒火時滿屋溫暖，與世隔絕、歲月靜好。

　順著民宿主人提供的地圖出門散步，白川鄉身為世界遺產，有很多值得參觀的地方，最有代表性的合掌家屋便是「和田家」。被列為重要文化財的和田家，現在也持續有人居住，開放一、二樓用於參觀，可以幫助理解居民的生活，還有江戶時代的養蠶業等等。

　其次就是「合掌造民家園」了，由於約六十年前居民集體離村，騰出了大量空房，便趁機原地建立了野外博物館，包含文化財指定建築物九棟在內，一共保存及公開了二十六棟建築物，是一個非常完整的園區。住家與自然環境結合，依賴自然也利用自然的生活方式，讓生活在水泥叢林的都市人一陣感慨。參觀完後，還能在休息處喝一碗冬天提供的麻糬紅豆湯，香軟好

和田家的內部木造結構樣貌。

民家園村屋是仍在呼吸延續著的文化遺產。

近看可瞭解民家園村屋的綁柱結構。

吃，真是滿足。

回到民宿，該是最期待的晚餐時間了！新鮮的山菜炸成酥酥脆脆的天婦羅，美味的烤魚用鹽簡單調味，當然還有知名的飛驒牛肉，和牛細膩柔軟，比起松阪、近江等地，也許是因為出於大山，帶著一種粗獷的野性風味，別有特色。

合掌村民宿供應的套餐相當豐富美味。

飽餐一頓之後，民宿主人拿著一些奇形怪狀的用具現身，在旅客們好奇的目光之中，民宿主人上手演奏，原來是當地的傳統樂器。大部分人語言不通，但音樂是沒有國界的，很快地，眾人就享受起這特別的即興節目，甚至接過樂器嘗試著彈奏，不熟練的操作讓樂聲歪歪扭扭，堪稱噪音，但沒被嫌棄，大家哈哈大笑起來，擅自建立了合掌村的外鄉人交響樂團，「指揮」當然是手忙腳亂、試圖指導但收效甚微的民宿主人了，儘管如此，看他臉上的笑容，應該對這個新樂團還算滿意吧！

寂靜的村落徹底入夜了，所有的商店都已關閉，但寒冷的小道上還有人拿著手電筒出行，這可不是在夜遊，是因為民宿主人給了我們溫泉優待券，聽到有溫泉可泡，即使是頂著寒風，當然也要一探究竟啦！

白川鄉之湯就位於世界遺產區域內，離民宿很近，從露天溫泉可以眺望白山連峰、庄川以及合掌村的聚落，雖

俯視合掌村如同迷你模型屋。

然大半夜的視野較差，但夜色迷離、星光朦朧，清風徐徐吹過，帶起溫泉的水波，仍然十分浪漫。泡得全身暖呼呼，出浴後拿一瓶飛驒的冰牛奶，邊喝邊逛伴手禮區，愜意極了。

第二天一大早，我與沖沖地爬上了展望台，白川鄉有「城山天守閣」和「荻町城跡」兩個展望台，可以觀賞到不同風景，從展望台上俯瞰，整個合掌村就如同迷你模型屋一般，萬分可愛。

在這靜謐的村落裡，時間過得好快，不知不覺間就到了告別的時候，拖著行李箱，我們離開了民宿，準備去搭公車。逛著伴手禮店，心裡充滿不捨，買了這麼多紀念品，卻終究帶不走這個夢幻的秘境，想要再次體會它的閒適安寧，唯有回到此地。

下次來的時候，白川鄉的天空還是同一片天空嗎？它會改變，或者依舊美好？看著車窗外流逝的風景，我的心裡充滿愁緒。

「怎麼樣？這次旅程好玩嗎？」同伴問我。

「當然好玩啦！那麼有特色的建築，風景又漂亮，民宿也很棒，溫泉超舒服的，還有食物很好吃……。」

「那下次我們要不要試著預約看看點燈活動的時候啊？還是春天來賞櫻？或者秋天來賞楓？等等！周圍群山包圍，夏天的時候應該是超級避暑勝地吧！」

看著那閃閃發光、對未來充滿期待的眼神，我不禁微笑起來。

白川鄉的傳統文化精神稱為「結」，也就是人與人、心與心之間的連繫、羈絆。這裡與其他觀光地不同之處在於，白川鄉是活著的，因為居民把它當成故鄉而非觀光地，所以它還在呼吸，傳承著一代又一代的文化。

剛聽到「世界遺產」時，我其實有點抗拒，說一個還活著的村落是「遺產」，總覺得不太對勁，但轉念一想，正因為有無數先人的遺愛，才形成了這片獨特的風景。

歷史與現在的「結」、居民與鄉土的「結」，讓這片土地上的每個人牽起手，也牽住了愛上白川鄉的外鄉人，圍起一個守護的圈。

只要愛還在，十年之後，百年之後，白川鄉的天空仍會是同一片天空，秘境永遠存在。

合掌屋迎接黎明到來，仙境再次甦醒。

Info

白川鄉都是民宿，預約房間後不出現，對民宿是非常沉重的打擊，如果無法成行，請一定要聯絡取消，不要讓臺灣人被貼上失格旅人的標籤。世界遺產存續不易，願我們一起守護它。

白川鄉
中文官方網站

金澤兼六園

如果只能在金澤看一個景點，那除了兼六園沒有別的選擇。兼六園與岡山的後樂園、水戶市偕樂園並稱日本三名園，是最能代表江戶時代日本庭園風格的「池泉回遊式庭園」。

所謂的「回遊」就是來回遊覽的意思，能供人來回遊覽、鑑賞，嘖嘖稱奇的庭園，正是日本庭園的集大成之作，池泉回遊式庭園通常腹地廣大，以大型池塘、泉水為中心，沿著水源建造假山、小島、橋、涼亭等等造景，通常也會有茶室以供休息和眺望，春有百花夏有蔭，秋有紅楓冬有雪，讓人一年四季都能沉浸在美景之中，放鬆身心靈。

兼六園原本是加賀藩藩主的私人別墅庭園，經過多次翻修擴建，才有如今的規模，不但被列為日本的「特別名勝」（文化財的一種），也獲米其林評為三星級的旅遊勝地。

想穿和服遊園，可向附近商家租借。

使用挖掘池塘的土壤造山，從蠑螺山上俯瞰霞之池，「水泉、眺望」兼具。

「兼六」這個名字是江戶時代大名松平定信所命名的，出自宋代詩人的《洛陽名園記》，園林最好的六種特質分別是：「宏大、幽邃、人力、蒼古、水泉、眺望」，然而廣大明亮就難以幽邃清寂，由於人力雕琢就不顯蒼古自然，建造低窪水泉就無法登高眺望，

池泉回遊式庭園以泉水為中心而造景。

這些都是矛盾的特質，於是不能相兼。但松平認為，此園正是六者兼具，便命名為兼六。

兼六園位於金澤市的正中心，很適合搭公車抵達，隔壁就是金澤城公園，不妨串聯一起遊玩。兼六園四季都適合觀賞，春秋時節，櫻花、梅花、楓葉都是石川縣內首屈一指的賞景地，花季時人潮如織；有了泉水，夏天也十分沁涼，適合避暑；冬天時雪花飄落在石燈籠上，肅穆幽靜，韻味無窮。但我最喜歡的還是晚秋時候，不但可以賞楓，還能同時看到少見的「雪吊」。

雪吊是一種防止樹木被雪壓塌的種植技術，將樹枝用繩子綁住之後吊起，看起來像是三角帳篷的木製骨架。即使是在日本這經常降雪的國家，也不是所有庭園都使用雪吊，只有東北、北陸等大雪地區，才

楓紅很適合新娘喜慶的禮服顏色。

松林雪吊，蔚為北陸冬季的風物詩。

必須這麼細心的照顧，也因為如此，松林雪吊這種特別的風景，形成兼六園的季節特色之一。

除此之外，兼六園還有許多名勝，池塘旁高高立起的徽軫石燈籠、珍貴的化石遺跡竹根石手水缽、樹根凸出地面魄力十足的根上松、寧靜平和的兼六園起點瓢池等等，都非常值得細細觀看。

完整繞兼六園一圈至少一個半小時，但只花一個半小時在園中，未免也太匆促了，最少也要一個下午，細細品味這在追求極致的人力雕琢與保留自然的古樸率真之中，終於達到完美平衡的園林風景。

竹根石手水缽因似竹而得名，其實是椰子的根莖化石，在學術上非常珍貴。

兼六園的水池中都有島，霞之池中有蓬萊島，瓢池中也有神仙島，這是受到神仙思想的影響；池就是海，池中島就是海上仙山，遊園就像是求仙問道，冀望永壽長生。

但兼六園這樣的庭園，不就是仙境嗎？擁抱美景，樂而忘憂，要是我住在這裡，肯定能長命百歲，哪需要找什麼仙山啊！

Info

如果要乘坐巴士，可以購買一日周遊券，結合其他景點，非常划算。

兼六園中文官方網站

栃木縣 日光市

日光東照宮

東照宮是祭祀「東照大權現」，就是幕府將軍德川家康的神社。光說「東照宮」，很多人的第一反應可能是：「我好像有去過啊！」但你去的是哪間東照宮呢？全盛時期，日本全國各地總共有超過五百間東照宮，即使在明治時期大量減少，目前也還有一百間以上。

例如位於靜岡的第一間東照宮「久能山東照宮」、被列為重要文化財的「上野東照宮」和「鳥取東照宮」、有「北陸日光」之稱的「金澤東照宮」、有「關西日光」之稱

朝聖人潮搶著欣賞江戶時代職人的精工巧藝。

的「日吉東照宮」和「紀州東照宮」、境內有許多名勝的「鳳來山東照宮」、原本是名古屋城三之丸的「名古屋東照宮」……等等，光是看東照宮，就足可在日本旅行一個月呢！

這其中最值得一看的，當屬總本社的「日光東照宮」。

從日光車站轉搭公車出發，先前往與東照宮共同被列為世界遺產、「日本三大奇橋」之一的「神橋」。夏季濃綠的樹蔭之間，紅色木橋雖古樸、卻華麗，橋下碧藍河水潺潺流過，正值風鈴季，微風吹過，嬌小的風鈴叮噹作響，伴

神橋風鈴祭洋溢日式風情。

隨著水聲，帶來一股沁涼之感，充滿日式的夏日風情。

日光的「東照宮、二荒山神社、輪王寺」並稱為「二社一寺」，由於歷史意義及傳統建築的優美，整個地區被列為世界遺產，神橋正是通往二社一寺的玄關，引領遊客進入莊嚴華美的藝術世界。

走上石階參道，進入東照宮，林木中聳立著巨大的鳥居，漫步尋找東照宮中有名的動物雕像，曉諭「非禮勿視、非禮勿言、非禮勿聽」的三猿（又稱「三不猴」），表情靈動、肢體動作可愛極了。瞇著眼睛的乳牛斑紋貓咪「眠

眠貓木雕很可愛，遊客都很喜歡。

從右到左為三不猴「非禮勿視、非禮勿言、非禮勿聽」。

貓」，栩栩如生，彷彿下一刻就會醒過來，喵喵吵著要東西吃。

別錯過最有名的「陽明門」，門上密密麻麻全是色彩豐富的雕塑，如果細細觀看，可以一直看到日暮西山，所以又稱為「日暮御門」。階梯上朝聖的人潮絡繹不絕，發出陣陣驚嘆。江戶時代職人的精工巧藝，創造出如此奢華到極致的藝術品，難怪被列為世界遺產了。

東照宮腹地廣大，即使只是走馬觀花，也要花上滿滿一個下午，特地前往固然值得，但最好搭配三天兩夜的行程，

日光溫泉（見溫泉篇）和鬼怒川（見散策篇）一起遊覽，才算不虛此行。

行程的最後，看得眼花撩亂的我們在伴手禮店抱頭苦思，精巧的木雕或者可愛的明信片？三猿還是眠貓？買什麼才能代表到此一遊？又要如何才能記住這麼多的建築和雕像呢？

東照宮中有郵局，買當地限定的明信片及郵票寄回臺灣是很好的紀念方式。

「我買了這個！我們一人一個吧！」友人興沖沖地拿著禮品袋跑了過來，原來是三個一組的猴子手機吊飾。

「那我要非禮勿聽！」

「非禮勿聽是我的！這個明顯最可愛！」

「這我買的耶！應該我先選吧！」

大家打打鬧鬧地前往溫泉，準備治癒走了一整天的疲憊雙腳。日落時分，東照宮被晚霞所籠罩，色彩飽滿的雕塑金漆閃亮，反射陽光，照進我們所窺伺到的，一個時代的輝煌。

Info

如果乘坐東武鐵道，推薦購買東武的日光周遊券「まるごと日光東武フリーパス」，能自由乘坐前往二社一寺、明智平、中禪寺溫泉、戰場之原、光德溫泉、湯元溫泉等地的巴士。

日光東照宮
官方網站

長野縣 松本市

松本城

我是在隆冬時分來到松本城的，護城河上的天鵝和水鴨打著瞌睡，生在和平年代，風平浪靜的護城河對牠們來說就是安全的家，面對猛按快門的遊客，也沒有一絲緊張的模樣，兀自姿態優美地漂浮在水面。

松本城位於長野，離「松本車站」徒步二十分鐘或搭巴士十分鐘。日本城堡中現存的天守閣只有十二座，松本城正是其中之一，而外形呈現五重構造的只有松本城和姬路城，被列為國寶，很值得一看。

松本城的天守閣因比其他絕大部分的天守閣都高，先就贏得氣勢，再加上外牆顏色上白下黑，對比分明，十分好看，尤其冬天的時候，遠處的北阿爾卑斯山同樣是白首黑體，倒映在壯闊的護城河中，堪稱絕景。

我越過護城河，從黑門進入，城堡主體的本丸已經不存，只留下寬闊的腹地作為庭園，漫步之時，一位身穿忍者服裝的老爺爺喊住了我，看起來是導覽的員工。

「好帥氣的鞋子啊！明天要去爬山嗎？」

我不是很擅長與陌生人交談，但誇讚一個登山者的裝備是個很好的切入點，我不由得停下來寒暄：「我要去上高地。」

上高地是北阿爾卑斯山的玄關，前往的旅客很常在松本轉車，我也是如此，是順路來松本城觀光的，原本對這座城並沒有什麼研究。

「這種嚴冬時節去啊？」

日本城堡的核心，係指「本丸」。一般來說日本城堡由多層構成，位居核心的便是本丸。

忍者爺爺可能是當地人，聽我這麼一說，立刻露出了震驚的表情。

「我沒有要登山啦！打算在雪原裡散散步，搭個帳篷就回來了。」

「哇！那今天可能會比明天爬更多高度喔！」忍者爺爺哈哈大笑：「松本城的階梯很陡，可要小心一點啊！」

他態度爽朗，對松本城也充滿熱情，我難得與陌生人說話這麼放鬆，多聊了幾句才揮手告別，前往天守閣。

由於是保存下來的古建築，松本城正是我最喜歡的那種城堡，由木石所造，空間狹小、光線昏暗，富有一種古意盎然的特殊韻味。走廊上有許多展示，書寫著松本城的歷史，特別是出身於松本市的赤羽夫妻寄贈了大量的火繩槍給松本城，天守閣的二樓可以看到火繩槍與兵裝品的常設展。

樓梯正如忍者爺爺所說，又窄又陡，讓人充分體認到這不是普通住家，而是軍事機構。有趣的是城堡內工作人員眾多，每個樓梯旁都有人守著，提醒腳下安全。

頂樓可以眺望遠方，天氣好時飽覽群山，景色壯麗。這裡比我預期得好太多，松本城美極了。

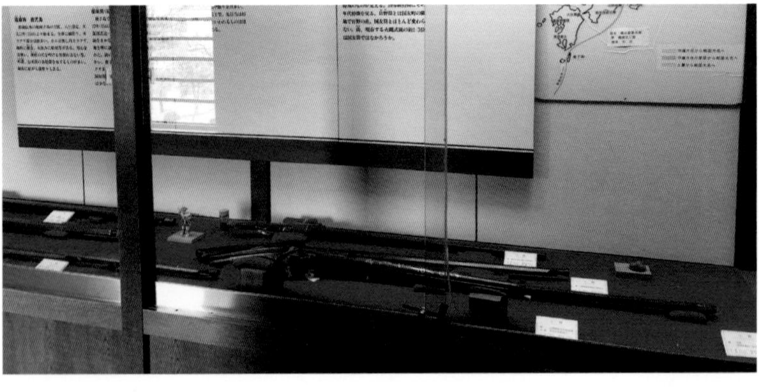

火槍在戰國時代已進入日本，致使戰爭殺傷力大增。

從天守閣下來的我十分慚愧，我只是個有了多餘時間的過客，沒想到松本城會這麼有魅力，不禁後悔自己沒有先做功課，彷若走馬觀花，這才急急忙忙地想要瞭解這座城池。

處於戰略位置的松本城在戰國時代曾數次易主，被各方勢力激烈搶奪，但到了明治年間，國土統一，各地的城墎都面臨拆毀，無主的松本城也迎來了同樣的命運，天守閣遭到拍賣，即將被拆分。此時，挺身而出的是松本的當地居民。市川量造來自松本城下的下橫出町，擔任副戶長，他提案，登高望遠可以使人心胸開闊，像天守閣這樣壯觀的建築物，正適合籌辦博覽會。同時發動募款為天守閣「贖身」，總算讓天守閣逃過死劫。

天守閣內樓梯又陡又多，小心慢行。

但沒過幾年，由於地區合併，松本城失去了管理機構，開始老朽化，甚至逐漸傾頹，注意到此一狀況的是長野縣的松本國中校長小林有也，他向政府進言必須修繕松本城，並到處募款，還進一步成立了「松本天守保存會」，得到當地居民的大力支持，最終成功推動修城。松本城的修繕花了十年，工事結束的隔年，小林校長過世，彷彿是為了替松本城保駕護航到最後一刻。

　直到今日，松本市民仍然守護著松本城，除了加入松本城的組織、保存會外，也會從事與松本城相關的義工活動，例如清掃城池、擦洗地板以及旅客導覽。

「原來那位忍者爺爺是義工啊！」我恍然大悟，眼前又

橋上陳列著繪有各任城主姓氏和家紋的燈籠。

浮現出他提到松本城時雙目閃閃發光的模樣，他熱情好客地與我搭話，不像員工，倒像是這家族的家長。

松本城歷經戰亂，換過多任城主，至今通往城堡的橋上仍放置著繪有各任城主姓氏和家紋的燈籠，原本我覺得奇怪，它不像其他的城堡有自己支持的對象，它誰都認，也誰都不認。

現在我明白了，松本城的城主正是每一位愛著它的當地居民，這些人在歷史上默默無名，比起戰國武將卻毫不遜色，有他們，才有如今的國寶天守閣。

我唏噓感慨，又因獲得解答而感到釋然，腳步輕快地離開了松本城。

是因為被深深愛著，所以顯得松本城有魅力，抑或是因為松本城有魅力，才被深深愛著呢？我思索著這個不需要答案的問題，抬頭望去，大雪中的阿爾卑斯山綿延不絕，直到遠方。

Info

松本周遊巴士

乘車單趟兩百圓，可以購買一日券五百圓，搭配參觀明治期間最早創立的小學、同為國寶的「舊開智學校」，松本市美術館、浮世繪博物館等等。

松本周遊巴士

松本城官方網站

天守閣附近併設的「松本市立博物館」展覽相當豐富，值得一看，伴手禮區有不少獨特商品。

長野古稱信州，信州味噌和信州蕎麥十分有名。

Chapter 2

美術館及博物館篇

人類對藝術的追求永無止境，美，超越語言與文化，輕易抹去國界的藩籬[redacted]色彩濃烈或者筆觸細膩，從繪畫、雕刻到裝置藝術、生活用具，映入眼簾的剎那，彷彿也印在心間，令人動容讚嘆。

創造之美，登峰造極。

六本木

根津美術館

五島美術館

山種美術館與國學院大學博物館

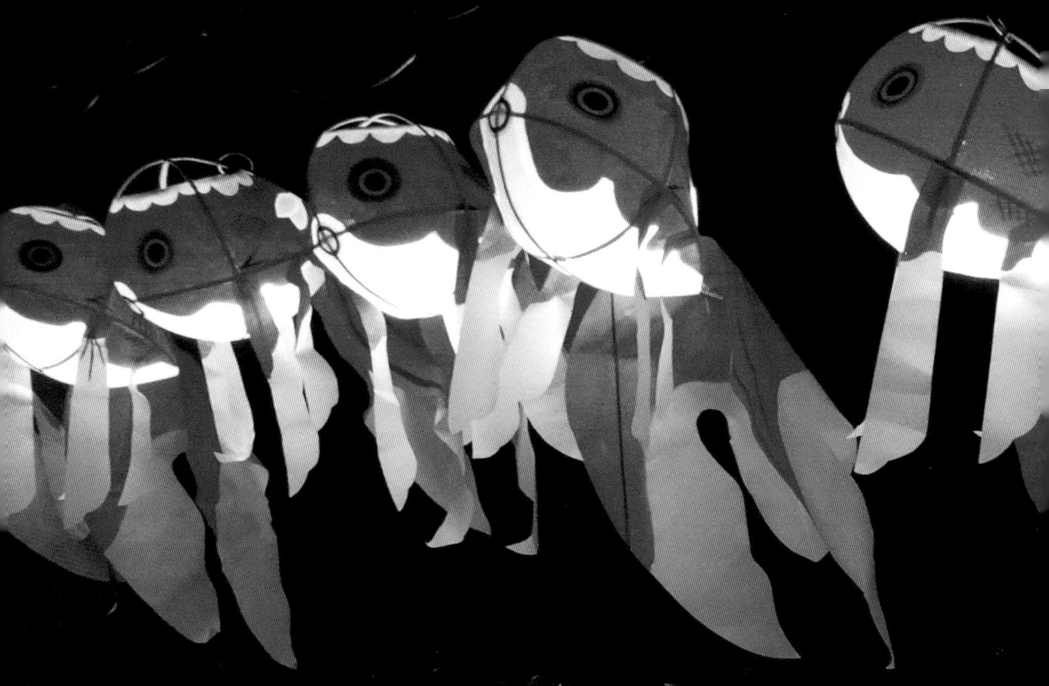

金澤的文豪紀念館

金澤的美術館

三鷹之森吉卜力美術館

全生庵與幽靈畫展

雅敘園

石川縣 金澤市

金澤的文豪紀念館

金澤是極富文學氣息的城市，在此地出生的三位近代文學家：泉鏡花、德田秋聲、室生犀星，被合稱為「金澤三文豪」，在金澤，三位文豪都有各自的紀念館，是金澤旅遊不可或缺的知性行程。

位於老街的木造房子泉鏡花紀念館，很有味道。

我很喜歡參觀文豪的紀念館，相對於網羅一個時代或一個地區而顯得廣博的博物館和美術館，文豪紀念館針對每位文豪的一生詳細述說，所以有完全不同的樂趣，如果說文學作品是在反映作者的內心，越是閱讀越能了解作者，那麼相反地，透過鑽研作者的一生，便能更理解其作品所呈現的人生觀與理念等等，帶來更豐富的思考。

例如以奇幻小說聞名的泉鏡花，因為幼年時失去母親，作品常以懷念亡母為基調，充滿溫柔的浪漫主義色彩，母親出身的家族從事傳統能樂職業，能樂中很多鄉野奇談或妖怪相關的故事，可能也影響了泉鏡花，讓他創作出像《高野聖》、《天守物語》這樣的妖

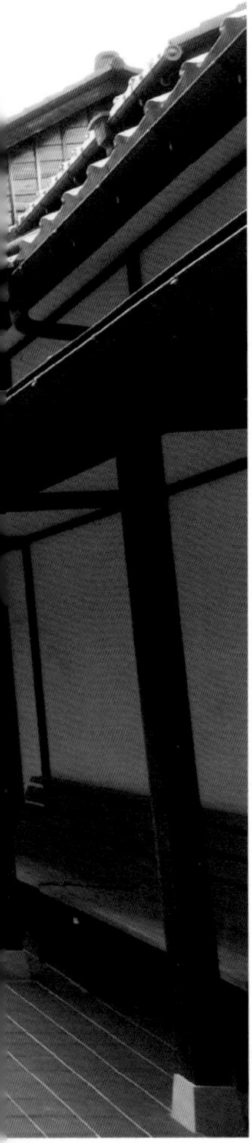

異奇幻小說，由於畫面豐滿、故事性十足，後世也常將他的小說改編為舞台劇或電影等等。

泉鏡花另有一件事情特別有名，就是他與神樂坂的藝妓伊藤鈴相戀同居，沒想到他的老師，同時也是當代著名文學家的尾崎紅葉知道後大怒，幾次逼迫弟子分手不成，竟然下了「要女人還是要老師」的最後通牒，敬愛著老師的泉鏡花沒有辦法，只能痛哭分手，這段慘烈的回憶也成為了他小說中的一景。但尾崎紅葉在不久之後過世，棒打鴛鴦的老師不在了，泉鏡花回頭就將鈴娶過門，兩人一生恩愛至極，即使一度為了恩師妥協，在男女關係較為混亂的近代文壇之中，泉鏡花仍是相當知名的癡情種子。

同樣是尾崎紅葉弟子的還有自然主義文學家的代表德田秋聲，與把老師當神崇拜的泉鏡花不同，德田秋聲與老師之間較有距離，所以儘管同為紅葉門下，但據說兩人的關係並不好。

德田秋聲最著名的作品《あらくれ》是在講述不滿被家庭決定婚姻的女主角離家出走後波瀾萬丈的人生故事。與同門的泉鏡花不同，德田秋聲的文字寫實而樸素，細膩講述小人物的顛沛與辛酸，深刻反映現實。

但德田秋聲的情路卻很是顛簸，中年以後妻子驟逝，其後交往的女性又因為外遇拋棄了他，導致他在寫作上也一蹶不振，當時與他交好的作家室生犀星等人還組建了「秋聲

泉鏡花紀念館正門左側，樹立著泉鏡花的銅像。

會」來支援他。

晚年的德田秋聲仍有許多短篇產出，但他在連載的集大成之作《縮圖》，因為是以描寫藝妓的人生為主題，不符合戰爭時日本政府的追求，遭到當局管制。此作的女主角是以德田秋聲的最後一任妻子為原形，被報社通知改稿的秋聲不願意迎合當局意識形態，憤而封筆，這部作品竟成了至今仍未完結的遺作。

而室生犀星又是完全不同的風格，雖然也寫小說，但他是大正時代詩壇的抒情詩人代表。因為自小生活貧苦、顛沛流離，室生犀星的詩文中充

到德田秋聲紀念館，可緬懷他未完成的時代遺作。

滿對故鄉的思念、對弱者的憐憫，也對人生懷抱希望，生命力旺盛。除了詩和小說，室生犀星也撰寫隨筆、童話、俳句（短詩的一種）等等，甚至也有大量的校歌，是位非常多才的作家。

室生犀星與同為當代詩人、被後世稱為「現代詩之父」的大文豪荻原朔太郎是死黨，兩人經常一起出遊，但因為室生犀星的貧窮，據說荻原朔太郎常為他付旅館費。而犀星對朔太郎也是一心一意，在一次出版宴會上，荻原朔太郎與別的詩人吵架，遠處的室生犀星誤以為朔太郎遭到攻擊，情急之下，竟然抬起椅子，揮舞衝向對方。

室生犀星性格嚴肅正直，素來有些膽小，這意想不到的舉動讓現場所有人都驚呆了，瘦弱文豪揮舞椅子的畫面想必非常幽默荒唐，竟化解了吵架的火藥味，最後眾人言歸於好。另一位大名鼎鼎的文豪芥川龍之介還特地寫信給室生犀星，稱讚他保護了朔太郎，幹得好！信中充滿了壞心眼的惡趣味。事後荻原朔太郎撰寫了「中央亭騷動事件（實錄）」的文章來道歉，說是道歉，字裡行間卻洋溢著炫耀好友如此挺他的歡樂氣氛。

紀念館中，展示著文豪之間的書信、充滿筆墨字跡的原稿，以及當年他們所用的器物等等，能讓參觀者恍然想起，這些文豪也是活生生的人，有他們的喜怒哀樂、痛苦過往或是幸福人生，是這些讓他們的作品充滿生命力，故事裡的每個角色、每段情節都躍然紙上。

時代造就文豪，文豪也造就時代，從紀念館出來，夕陽西斜，我感慨地漫步在金澤的老街上。日本的文學風氣在近代迎來巔峰，日後還會出現這樣文豪雲集的時代嗎？我不知道，金澤肯定也不知道答案，但文豪們留在此地的榮光，將永不消散。

Info

如果要乘坐巴士，可以購買一日周遊券，非常划算。

泉鏡花記念館官方網站

德田秋聲記念館官方網站

室生犀星記念館官方網站

石川縣 金澤市

金澤的美術館

即使是對美術完全沒有興趣的人，我也會推薦金澤的美術館，尤其是金澤二十一世紀美術館，與來館者的互動性非常強，不但好看，而且好玩，除了對藝術有概念的大人，也很適合剛接觸藝術、活潑好動的兒童，不妨闔家前往遊玩，開啟藝術互動的一扇門。

二十一世紀美術館位於一片綠地中央，玻璃圍繞的圓形建築就像是個神奇的幽浮，明亮的窗戶創造出寬敞、充滿開放感的空間。附近有許多裝置藝術，不同年齡層，也許是路

金澤二十一世紀美術館很親民地歡迎訪客。

大人與小朋友都能爬進展品裡體驗與互動。

進到彩色屋才能身歷其境感受色彩的多變。

過、也許是專程前來的人們，圍繞著形狀多變、色彩繽紛的戶外展品，親自體會藝術的趣味。

和別的美術館不一樣，二十一世紀美術館並不需要入館的費用，只有特別展才會收取門票，有相當多可以免費觀看、體驗的展區。大部分人不太親近美術館是覺得「藝術」高高在上，令人敬而遠之，但若因不了解就錯過這座美術館，可太浪費了，靠近一步觀看吧！就像屋外展品中最有名的「彩色屋」一樣，僅由紅、黃、藍三原色構築的透明牆面，身在其中，看出去時卻有無窮無盡的顏色變幻，換個角度看世界，世界更加瑰麗。

金澤二十一世紀美術館不是孤傲的高嶺之花，反倒像古靈精怪的鄰家女孩，給它機會，說不定你會迷上它呢！

此處的美術館、博物館相互距離很近，非常適合串聯觀看，例如日本唯一一間以工藝為主題的國立美術館「國立工藝館」，展出大量的陶瓷、漆工、染織、金工等工藝品，精巧技藝令人目不暇給；由於藩主喜愛而備受推崇的傳統藝能，以能樂為主題的「金澤能樂美術館」，比歌舞伎歷史悠久的能樂向來被認為比較艱澀而難以接觸，參觀以推廣為宗旨的美術館是個很好的入門方式；還有介紹石川縣從古至今歷史文化的「石川縣立歷史博物館」，建築物本身就是使用紅色煉瓦倉庫改建而來，被指定為重要文化財，洋溢歷史風情。

當然，不可遺漏石川縣立美術館，起建之初，考慮到名園「兼六園」（見古蹟篇）就在附近，彼此風格儘量融合一致，因而，石川縣立美術館的建築物外觀簡潔洗鍊又散發日式風情。展覽品十分多樣，古美術品例如陶瓷、漆工、刀劍、日本畫等等，近現代工藝例如玻璃製品、金工等等，近現代美術例如油畫、水彩畫、版畫等等都有收藏，其中最有名的是雉雞模樣的香爐，這座美術館的收藏雖然多，但類似香爐、缽盤、硯箱這類的生活物品常常是主要展品，令人不禁臆想著古代人的生活情趣，既富於浪漫色彩，又貼近現實。

尤其金澤是日本瓷器流派之一「九谷燒」的根據地，九谷燒以色彩華麗濃豔、構圖嶄新大膽聞名，現在金澤仍有不少產出，也有很多販賣陶瓷器的店家，到美術館事先領略九谷燒的傳承脈絡、性格特色，

石川縣立美術館外觀簡約但館藏豐富有趣。

好判斷自己會不會喜歡，也是個很棒的選擇。

接受了一整天的藝術薰陶，我眼花撩亂地走出美術館，雖然不至於看了美術館就變成高雅時尚的人，但我學到了好多。看完這些，我的感想是，美術就藏在生活之中，與我們無比貼近，它是構成世界的一種方式，即使沒有刻意學習，也可以從這些美術館中獲得快樂，它並不冰冷死板，而是活生生的，因為看了就開心，所以這裡才有那麼多美術館，那麼多遊客。

美術館門口的紅葉映著藍天，像極了陶瓷品上對比明快的濃烈色彩，季節變換是藝術，人生和旅程也是藝術，我回味無窮地翻閱著美術館的導覽，腳步輕快地邁向下一個目的地。

石川縣立美術館的紅葉向空中伸展，歡迎來賓。

Info

如果要乘坐巴士，可以購買一日周遊券，非常划算。

金澤二十一世紀美術館中文官方網頁

石川縣立美術館中文官方網頁

東京都 三鷹市

三鷹之森吉卜力美術館

說到日本最有人氣的美術館，非吉卜力美術館莫屬。身為吉卜力迷心目中的聖地，每天的參觀人數都大爆滿。當然，這座美術館與其他美術館有些不同，但即使不是粉絲，若對電影或動畫的製作過程有興趣，也還是能從展覽中獲得相當大的樂趣。

吉卜力美術館與其說是一座美術館，不如說展館本身就是展覽的一部份，從建築物到裝潢，就算只是一面彩繪玻璃、一個水溝蓋，都充滿細膩

吉卜力美術館門口像個洞口，將帶參觀者展開幻想大奇航。

的巧思，讓人驚喜不已，進入展館後，彷彿進入一個由宮崎駿建構的特殊魔幻世界，展開屬於自己的冒險旅程。

除了吉卜力歷年作品的館藏之外，最吸引粉絲的還有館內的迷你電影院，裡面有許多未公開的短篇電影，每次入館能夠觀賞一次。雖然只有短短十分鐘左右，但結構完整、風格鮮明，還是相當好看。上映作品的日程表公開在官網，讓人不禁想蒐集齊全呢！

二樓的遊戲間裡則有吉卜力最知名作品《龍貓》中的龍貓巴士巨大絨毛玩偶，但是只限兒童入內，看到這條規則，

巨大的機械兵是溫柔的城堡守護神。

同行的吉卜力鐵粉友人不禁流下傷心的淚水。

「為什麼只有小朋友能坐龍貓巴士？我們大人也有夢想啊……！」

「走吧、走吧！成長的過程中總是得損失點什麼。」

錯失了童年的我們無比憂鬱，只希望有天吉卜力會推出大人也能乘坐的龍貓公車了……。

沿著螺旋階梯往上爬，來到屋頂上的庭園，這裡可以看到《天空之城》中五公尺高的機械兵，栩栩如生、維妙維肖，就像從電影中走出來一樣。因為館內區域不可拍照，位於戶外展區的機械兵，自然是遊客們的合照重點對象了，誰不想體驗一下成為女主角希達的感覺呢？

沉醉於奇幻世界之中，逛了這麼久，肚子餓了嗎？館內當然也有咖啡廳，廳中的裝潢和餐具都非常可愛，不妨在此飽餐一頓。菜單也可在官網上看到。

最後當然就是萬惡的禮品店了！如果是吉卜力的鐵桿粉

絲，我的建議是：錢要帶夠，但不要帶過多！進了禮品店就如同得了失心瘋，這個也超級想要，那個也非買不可，離開時，錢包好比被海賊團洗劫過，只剩兩袖清風。

「我才沒有一貧如洗！我有滿滿的美好回憶和這些寶貝！」大採購的友人滿足地舉起袋子，露出了燦爛的笑容。

夕陽西下，我們從美術館離開，也離開了奇幻世界，散步穿過幽靜的井之頭公園，走向吉祥寺車站，回到沒有魔法的人間。

Info

◀日本電視台大時鐘由宮崎駿設計，表演時更能展現吉卜力的奇幻風格。

三鷹之森吉卜力美術館官方網站

吉卜力美術館採取全年預約制，購票比較困難，每個月十號開放預售下個月的票券，如果計畫前往，要早做規劃。

除了在日本各地尋找取景地，吉卜力迷也可以到汐留的日本電視台觀賞宮崎駿設計的大時鐘，巨大時鐘內有許多機關，每日有四到五回的表演，充滿吉卜力的奇幻風格，值得一看。

東京都 台東區

全生庵與幽靈畫展

炎節溽暑，即使是在寺廟這樣的清淨之地，蒸騰熱氣也令人煩躁不安。越過走廊，瞥見牆角的美人對你嫣然一笑，走近一些看看吧！美人披散著又長又直的黑髮，身穿全白的和服，文靜又有氣質，但再仔細一瞧，視線越往下顏色越顯得透明，她怎麼……沒有腳呢？

「啊！」你嚇了一大跳，背後泛起冷汗，暑氣盡退，遠處響起僧侶的誦經聲，受到驚嚇的心臟慢慢落回原位，定睛一看，原來只是一幅畫啊！終於，心裡恢復寧靜，再不被酷

幽靈畫展只限定於每年八月開館時讓人參觀。

暑所困。

八月了，來全生庵看幽靈畫展消消暑氣吧。

全生庵是佛教臨濟宗的寺廟，最近的車站是地下鐵千代田線的「千駄木」車站。為什麼寺廟會展出幽靈畫呢？這就要從活躍於明治時代的落語家「三遊亭圓朝」說起，落語是一種日本傳統表演藝術，類似單口相聲，與相聲相同，落語家也會表演別人所創造的劇目，但圓朝才華洋溢，新創了許多屬於自己的經典劇目，其中就有不少怪談，也就是鬼故事，寫鬼故事當然需要收集參考素材，圓朝從此變成著名的幽靈畫收藏家。

圓朝過世之後葬在全生庵，大量的幽靈畫便也寄贈給了全生庵，如此數量的幽靈畫收藏世所罕見，由於圓朝過世在八月，而八月也是最熱的時候，正適合藉由鬼故事消暑，全生庵便在每年八月舉辦幽靈畫展，特別公開展覽這些畫作，也會邀請現代的落語家、漫畫家等等舉辦座談會，探討幽靈與生命、生死等問題，非常值得一聽。

這些畫作平時是不公開的，全生庵便成為了八月限定的美術館，如果在夏天到東京遊玩，不妨前往觀賞。

圓朝的紀念碑在此供人憑弔。

日本的幽靈畫其實並不怎麼恐怖，日本畫特有的淡淡筆觸很適合飄渺的亡靈，其中不少都是面帶惆悵的美人，看了不禁心生同情，在意起畫作背後的故事，生與死的境界線上，幽靈為何捨不下人間的記憶，還在此地徘徊呢？每幅畫背後都有眾多浪漫的想像與細膩的思考，足以讓人忘記炎夏，靜下心來觀賞。

看完幽靈畫，重新走回炙熱的陽光下，太陽真的好大啊！不過這份燥熱也是活著的證明呢。我思索著生命的意義，如果我是個幽靈，還有七七四十九天就要轉世，那我有什麼遺憾與怨念呢？天啊！那可真是太多了！光是還沒去旅行的地方，我就可以立刻列出幾百個呢！那麼多美食、美景、山岳和湖泊，高原與小溪，日出或星夜……人間這般美好，我還不想變成幽靈，我要努力活下去！

就從今天開始運動，早睡早起，甜點少吃一份……我滿懷對未來的希望，興高采烈地規劃著不當幽靈的清單，擺動雙腳走過樹影斑駁的人行道，向車站走去。

Info

全生庵官方網站

雅敘園的百段階梯入口，抬頭就有美景可看。

東京都 目黑區

雅敘園

拾級而上，古意盎然的木造階梯微陡，轉彎進入一間間主題各異的房間，腳下是溫暖的榻榻米，沉靜的木質和室雕梁畫棟，牆壁、天花板上布滿繪畫與雕刻，處處皆為藝術，既是展覽空間，也是展覽本身，不可思議的和風建築之美，是雅敘園最大的魅力。

雅敘園位於東京，最近的車站是JR山手線或東急目黑線的「目黑」車站。和普通的美術館、博物館大異其趣的是，雅敘園其實是一家飯店，但是自稱為「博物館式飯店」的雅敘園不僅提供住宿和用餐，也利用其獨有的傳統藝術空間舉辦展覽。

雅敘園原本是「料亭」，也就是高級日本料理店，昭和時代流行像日光東照宮那樣「華美」、「色彩豔麗」的裝飾美學，那時便請了許多當代傑出畫家，在建築物內進行天花板畫、壁畫、雕刻等創作，整棟建築物布滿色彩鮮烈的日本畫、精緻的浮雕雕刻、運用貝殼光澤的傳統藝術「螺鈿」等等，奢華到了極點。

雅敘園的天花板，每格各自布滿色彩鮮烈的日本畫。

之後雅敘園一直作為飯店營業，進行修繕改裝，唯一留下的木造建築是擁有七間宴會房間的三號館，通稱「百段階梯」，在建築八十年後的平成年代被列為有形文化財，結束餐廳生涯的百段階梯，從此竟然就踏上了完全不同的美術館人生。

百段階梯的展覽主題通常都以和風為主，例如插花、雛偶（女兒節人偶）、和服、燈籠、陶藝等等，特別是燈籠展最有人氣，幽暗的古風和室裡，細膩和紙糊成的燈籠亮起光芒，映出滿室的光影，十分浪漫。

由於有七間展示室，每間房間的主題便有所差異，例如講到燈籠，當然要提極具

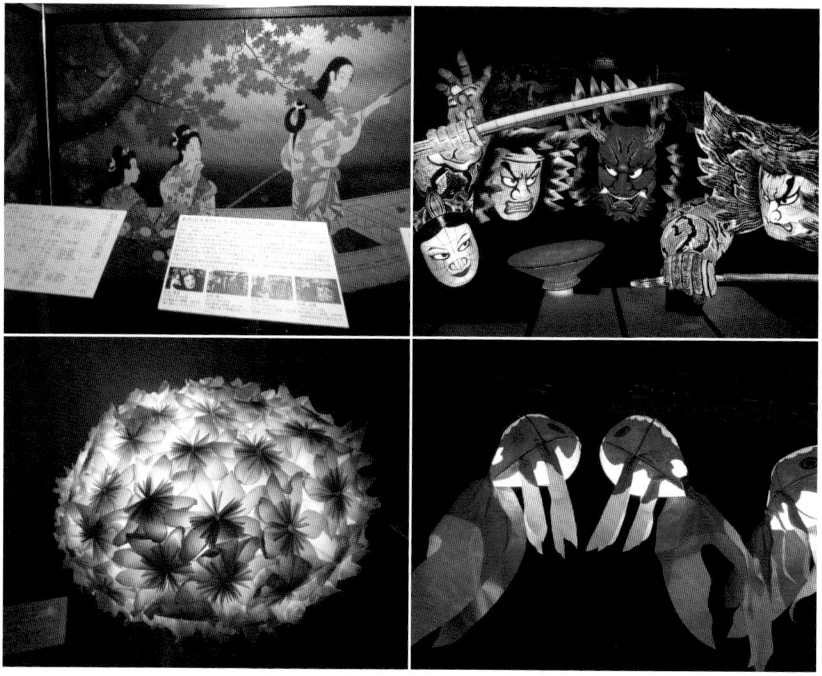

（上排右）青森睡魔季的山車燈籠「酒吞童子」，可從各個方向鑑賞。
（上排左）這套系譜介紹睡魔師，比照美術館陳列講解看版，富有教育意義。
（下排右）「柳井金魚燈籠祭」十分吸睛。
（下排左）現代美術家用傳統和紙做的花之燈。

代表性的山車燈籠，青森睡魔季的巨大移動燈籠往往以歌舞伎或傳說故事為題材，由「睡魔師」製作一個多面的立體燈籠，極富故事性。

說到祭典燈籠，風格迥異的山口縣「柳井金魚燈籠祭」，布置大量可愛的金魚悠游在空中，和室如同別致的暗夜水族館。與其他美術館不同的是，雅敘園的所有展示都可以拍照，還會提供攝影小道具，所以不妨戴上金魚帽子、提起金魚燈籠，親自感受祭典氣氛吧！

除了傳統藝術文化，雅敘園也會邀請當代藝術家合作，展出現代和風的藝術品，古典與時尚，新舊日本在此交會，共同譜寫千百年來人們對「美」的追求。

逛完展覽，如果還有時間，建議到目黑川附近散散步，尤其是春天，目黑川可是賞櫻勝地呢！沿著河堤，一整排櫻花樹盛放，春意爛漫，心形的花瓣落在水面上，將目黑川也染成粉色。

方才黑暗中光芒閃耀的櫻花燈籠，與眼前花雨遍落的景色，哪個更美一些呢？我苦思良久也沒有答案，藝術肯定是最難論勝敗的事物了！

Info

雅敘園
中文官方網站

過去所展出的
各種企劃展

森大廈集結美術館、藝廊、展望台等重要設施。

東京都 港區

六本木

六本木給人的第一印象是優雅時尚，因為匯聚了許多摩天大樓、名牌服飾、精品店家，也被貼上「昂貴」的標籤，令許多人敬而遠之。不過六本木同時也是著名的藝術之街，街頭就有許多可供觀看的裝置藝術，尤其擁有大量美術館，非常值得一遊。

其中最有名的，當然就是被稱為「六本木金三角」的國立新美術館、森美術館、三得利美術館了。前兩者偏向展出當代或近現代藝術，三得利美術館則是以日本美術為中心，展出許多日本畫、陶瓷器、屏風等等，讓人能一窺平安時代以來、人們在日本歷史當中的生活。

我很喜歡看這種生活中的古美術品，所以相較起來最常去三得利美術館，第一次去看展覽時，正是陶瓷器的展覽，琳瑯滿目的各式器皿令人眼前發亮，其間就有被列為國寶的「曜變天目茶碗」，茶碗中神祕的色澤變化彷彿宇宙星空，教人忍不住發出驚嘆，之後我好一陣子的夢想都是希望發票中兩百萬，好買個天目茶碗呢！

三得利美術館最有趣的是除了一般美術館常有的咖啡廳外，也有日式茶室，特展時會定期舉辦茶席，是體驗日本茶道文化的大好機會，要是幸運碰上，可不要錯過囉！

大部分美術館都擁有自己的館藏，然而國立新美術館反其道而行，沒有任何館藏，相對的，不需要倉儲位置使它擁有日本最大的展示空間，開創出一條嶄新的美術館之路。

國立新美術館的展覽非常靈活多變，我有在此看過近代攝影展，也看過借調了大量畫作以描述巨匠一生的梵谷展，可說什麼主題都有，總是能碰撞出新的火花。

蜘蛛雕塑是森大廈的地標，出自法國女雕塑家之手，全球共有九個。

毛利庭園是東京都心六本木當中珍貴的綠洲。

不過也正因如此，比起其他主題明確、不容易踩雷的美術館，突然跑去國立新美術館，也可能看到自己完全沒興趣的主題，要事先查詢較好。

相較於以上兩間美術館，森美術館最具有觀光性的，這不是說它欠缺專業性，而是森美術館完美結合了觀光要素，使得為了藝術而來的鑑賞家、想體會看看美術館氣氛的觀光客，都足以獲得相應的樂趣。

森美術館位於森大廈的五十三樓，展出內容多半偏向現代生活藝術，例如服裝設計、建築、攝影等等，也喜歡跨界合作，例如與音樂結合展覽，讓來訪者能從聽覺和視覺兩方面一起體會藝術，因此，有時候會有較意識形態的展覽，可以說是從哲學家、藝術家到一般觀光客都願意來訪，受眾十分廣泛。

森大廈中除了美術館，也有經常舉辦動漫原畫展等等的藝術中心藝廊，以及展望台能夠眺望東京景色，不妨一起遊覽。另外也可以前往其下六本木之丘的毛利庭園散步，現代化的高樓大廈包圍之中，漫步於傳統的日式庭園，摩登與復古，對比十分強烈，春季是賞櫻的名勝，冬季夜晚則有華麗燈飾可看，充滿耶誕氣氛。

如果喜歡看聖誕燈飾，冬季的六本木是個很適合的地方，街道上燈火繽紛，映襯著遠處的東京鐵塔，燦爛好看，逛完美術館後，在六本木的街道上賞夠美景再回家吧！

逛完六本木金三角還嫌不夠嗎？串聯同在六本木的21_21 DESIGN SIGHT，以及富士軟片的照片歷史博物館吧！前者經常舉辦以設計時尚為主的展覽，展館本身更是建築名家安藤忠雄的作品；後者則展出了超過一百七十年、自相片誕生至今的歷史，大量的相機相關器材及照片，讓喜歡照相的人欲罷不能。

除此之外，搭電車就能抵達的港區之內還有許多可看之處，比如日式庭園美如仙境的根津美術館、展出茶器等美術品的畠山記念館、擁有許多國寶和重要文化財館藏的大倉集古館、鐵道迷趨之若鶩的舊新橋停車場鐵道史展示室等等，族繁不及備載。

是不是開始左右為難了呢？每家美術館、博物館都有其獨特之處，難以分個高下，但還是來六本木走一遭吧！相信這裡獨特的風情，會讓訪客有耳目一新的感受。

冬季的夜間燈光秀點亮滿園金碧輝煌。

Info

國立新美術館官方網頁

森美術館官方網頁

三得利美術館官方網頁

冬季的六本木街道一片火樹銀花映襯夜景。

根津美術館

東京都　港區

走進美術館前的長廊，整排的竹林造景遮蔽了喧囂的馬路，一步一步走向入口，心也逐漸沉澱下來，邁入靜謐的藝術殿堂，在東京這樣的繁忙都會之中，擁有廣大日式庭園的根津美術館，讓人能暫時忘記凡俗塵世，盡情享受美的擁抱。

根津美術館位於港區，最近的車站是地下鐵的「表參道」車站。八十年前的昭和時代，實業家根津嘉一郎的宅邸被改裝為美術館，其中所有展覽都是他的藏品，在二戰之前

披錦齋前的紅葉是八景之一，喝茶賞楓別有情趣。

（圖左）根津八景之藥師堂竹林，古意盎然的木造建築與青翠的竹林，彷彿高人隱世之地。

（圖右）八景之飛梅祠，祭拜學問之神菅原道真的神社，據說道真被流放到太宰府時，庭中梅花不捨，竟拔根而起，飛到道真所在的地方。

就開幕的美術館極其稀少，也讓根津美術館擁有比其他美術館更長遠的歷史。

根津嘉一郎創辦了東武鐵道，被後世稱為「鐵道王」，他同時也是著名的茶人和美術品收藏家，在當時就收藏了超過四千件美術品，包括茶器、繪畫、漆器、陶瓷器、日本刀等等，繼承了他遺產的第二代根津家主決定將宅邸改造成美術館，向公眾開放，並持續收集美術品，至今根津美術館的館藏已超過七千件，其中有七件國寶、八十件以上的重要文化財，以私人美術館而言是相當耀眼的成績。

館藏中最有名的就是江戶時代畫家、工藝家尾形光琳的作品「燕子花圖屏風」，燕子花是鳶尾花的一種，金色屏風上，細長的葉片成叢生長，其上開出深紫色的優雅花朵，除了整片的燕子花，再也沒有描繪其他事物，鮮烈華麗、奪人眼球。我很喜歡屏風這樣的生活工藝品，美術不是孤高的，每一個人都能從日常生活中，自然而然感受到美的存在，這才應該是美術的精隨。

不過根津美術館最特別的還是庭園，根津家的庭園是典型以池水為中心的日式庭園，植物蔥鬱，四季分明，季節感

八景之燕子花，四月中至五月中開花，根津美術館會搭配展出燕子花圖屏風。

弘仁亭茶室無事庵，閒適烹茶，怡然自得。

一座藤花架，盡展日式庭園風情。

披錦齋前的紅葉是八景之一，喝茶賞楓別有情趣。

十足，若是有機會來到美術館，一定要花時間在庭園慢慢散步，才算沒有白來一趟。

進入庭園，翠綠景色擴散開來，將外界完全隔絕，佛像石塔落座其中，帶來一種寂靜的韻味，藥師堂外，竹林密布，風起時竹葉瑟瑟搖曳，輕微的聲響讓四周顯得更加幽靜，沿著湖邊漫步，粗獷的大石上覆著青苔，湖面上飄盪著小船，悠閒而又曠達，「小舟從此逝，江海寄餘生」，假如能躺在這艘船上，隨波逐流直到遠方，該有多麼舒服呢？

作為茶人的住宅，這廣大的庭園中有四個茶室，弘仁亭前的池塘裡，整片的燕子花欣欣向榮，如果在初夏時節來到這裡，便可以看到燕子花盛開的美景，附設的茶室名為「無事庵」，這個名字簡直取得太精妙了，因為無事，所以在此烹茶讀詩、眺望美景，閒適到了極點。

庭園的另一邊，儘管是在翠綠春意裡，披錦齋前仍點綴著紅葉，不知到了秋天，又會是何種勝景呢？走上階梯，木架上紫色藤花香氣襲人，說到春天，代表的花非櫻花莫屬，但其實在日式庭園裡也經常會有藤花架，藤花清綺秀美，風雅十足，不如在花架下的大石頭上稍坐一會，感受漫山遍野的爛漫春意。

每個季節都有它的花，於是每個季節都有它的美，與季節共生，便是日式庭園最迷人之處，而根津美術館最厲害的就是，用各種造景遮擋住外面的車水馬龍，風的細語、水的波紋、花的幽香，將觀客隔絕在這如夢似幻的仙境中，遊客忘記了時間，也忘記了日常生活中的疲憊瑣碎，於是才能樂而忘憂，沉浸在美術館構築的世界裡。

Info

根津美術館
官方網站

赤門前，青楓轉為紅楓，盡顯季節遞嬗之美。

東京都 世田谷區

五島美術館

五島美術館很常被拿來與根津美術館比較，創辦人同樣是當時的鐵路公司老闆，宅邸在失去主人之後被改建為美術館，五島美術館的展品是建立東急電鐵的實業家五島慶太的個人收藏。

五島慶太醉心於奈良、平安時代的古美術品，尤其是手抄的經書，由於大量收集經書，還自號為「古經樓」，除了經典墨寶等書法作品外，他也順便收集繪畫和陶瓷器，

六觀音排列在石像眾多的庭園裡，如同守護。

只要市面上出現他想要的美術品，立刻一擲千金、風捲殘雲，對美術作品的執念之強，在當時還被友人嘲笑為「強盜慶太」。

收藏了大量美術品的五島慶太，最終決定要建造美術館，但一間美術館不能沒有「鎮館之寶」，他努力尋找夠分量的作品，在機緣巧合之下購入「源氏物語繪卷」以及「紫式部日記繪卷」這兩部根據平安時代文學作品繪製而成的繪卷，如今這兩部繪卷都被列為國寶，奠定了五島美術館在書畫收藏之中的崇高地位。

五島美術館的庭園也是

由未加工的自然石所組成的井，充滿樸素野趣。

春日型石燈籠。

必看的景點，由五島宅邸庭園改建而來，充滿自然風光的綠樹及花卉，春季櫻花與藤花綻放，香飄十里，秋天「赤門」周遭的楓葉染紅，與朱紅色的門互相輝映。越過山門，前往大日如來像處參拜，庭園內處處可見佛像、寶塔等石雕，洋溢著一股不可思議的幽靜氣氛。

不過最有趣的還是園內放置著各種樣式的石燈籠，簡直像是一座石燈籠博物館。石燈籠是日式庭院內的重要造景，原本是在六世紀的飛鳥時代，與佛教一起從中國傳入日本，通常擺在寺廟中照明，稱為「獻燈」，隨著日本的庭園文化逐漸發達，石燈籠外型多樣，成為了庭園內用於觀賞的重要配角。

五島美術館的石燈籠都有附上其種類的木牌，不只好看，也富有學習意義。不同的石燈籠用途也不一樣，例如實用性高的「春日型石燈籠」，是神社佛寺中最普遍的種類，特徵是柱子很長，火袋（點燈的部分）也處於較高的位置，

雪見型石燈籠

織部型石燈籠

山置燈籠

善導寺型石燈籠

泰平型石燈籠

水屋型石燈籠

岩燈籠

足元燈籠

如果看見沿著園路設置的高大石燈籠，多半就是它了；低矮的「雪見型石燈籠」則正好相反，沒有柱子和中台（支撐火袋的部分），做得這麼矮，是為了照亮水面，所以通常都設置在水邊；「織部型石燈籠」則是用來照亮水手缽的，會有這個名字是因為江戶時代的茶人古田織部最喜歡這種燈籠，因而常見於茶室庭園；還有造型奇特的岩燈籠、古樸又可愛的山置燈籠……族繁不及備載，這麼多的種類，讓人在庭園裡散步時不由得張望著尋寶，想要蒐集「石燈籠圖鑑」。

看完了歷史意義不可估量的繪卷墨寶，也在庭園裡蒐集了夠多的石燈籠，我揮別仿造平安貴族建築寢殿的渾厚建築，心滿意足地離開美術館，這些美術品的私人收藏家願意將展品公開，讓我可以付出門票錢就看到價值連城的國寶，我滿心感謝，可惜的是，五島慶太最終沒有等到美術館開幕就離開人世，當然也無從接收半世紀後，一個普通旅客的滿腔謝意。

他又為什麼願意讓費力蒐集的美術品公開給世人呢？是出於深愛著美術品嗎？究竟獨自占有是愛，或者熱情分享才是愛呢？我不知道他的答案，但看著相機裡大量的石燈籠照片，我決定回家之後立刻讓我的家人朋友也觀賞一番，聽聽他們的驚嘆。

Info

搭乘東急大井町線，從「上野毛」車站下車徒步五分鐘，快車並不會停靠此站，必須要搭各站停車的區間車。

五島美術館官方網站

東京都　澀谷區

山種美術館與國學院大學博物館

從鬧區澀谷的喧囂脫身，走向聚集了國學院大學、廣尾高中等多所學校的寧靜區域，大馬路邊，一棟由灰白色岩片橫向排列而成的建築映入眼中，長方形的岩石就像一張一張用於書寫和歌的紙張「短冊」，洋溢日式風情，這便是山種美術館。

山種美術館專門收藏日本畫，超過一千八百幅，是日本第一家以日本畫為常設展的美術館，由於日本畫紙質脆弱，不適合展覽，至今經常性大量

山種美術館位於澀谷，卻鬧中取靜，不要錯過了。

展出日本畫的美術館仍是少數，讓愛好者趨之若鶩。

位於寸土寸金的澀谷，山種美術館的占地並不大，但地下室的企劃展覽室是一個設計完整的空間，四面牆上全部掛滿展品時還是非常壯觀的，細細觀賞每一幅畫的筆觸，繞上一圈也要花許多時間，過癮極了。這其中我最喜歡的是自然花鳥圖畫的展覽，幽暗的展覽室中，一幅幅繪畫上鮮花怒放、水流鳥鳴，彷彿被景色不斷變動的奇幻自然包圍。

看完畫展，何不在美術館的咖啡廳吃個下午茶，山種美術館的咖啡廳會依據當期的展覽，推出模樣各異的和菓子，每一場大飽眼福的展覽，都搭配全新的味覺饗宴，相得益彰，充滿繪畫巨匠追求完美的精神。

逛完山種美術館，不妨前往步行不到十分鐘距離的國學院大學一觀吧！即使是美術館、博物館愛好者，也常常會忽略附屬於大學的博物館，其實日本很多大學都擁有自己的博物館，並且館藏豐富，不但不輸普通的博物館，而且通常都是不收取門票的，不好好利用著實浪費。

國學院大學博物館門口櫻花盛開，景致怡人。

例如國學院大學的考古學系十分有名，館藏有非常多古代土器，我最喜愛的常設展展品是四世紀古墳時代的「舉手人面土器」，圓柱形土缽造型奇特，就像一個人傻笑著舉起雙手，憨態可掬，有種呆萌的魅力。此外，國學院大學的日本文學系和神道學系也很知名，經常會有相關特展，很適合對日本文化、宗教滿懷好奇的遊客。

國學院大學博物館展示神轎工藝品。

只要將大學博物館加入旅遊清單，世界立刻變得廣闊許多，例如收藏了四百萬件學術標本，館藏龐大得令人吃驚的東京大學綜合研究博物館；擁有一台蒸氣機關車，讓機械迷欲罷不能的日本工業大學工業技術博物館；收藏了大量東洋美術品，博物館本身也是藝術建築的早稻田大學會津八一紀念博物館；日本的大學博物館先驅，獨立於大學之外的京都大學綜合博物館；收藏了三十萬冊漫畫，漫畫迷一待就是一整天的京都精華大學京都國際漫畫博物館；館藏逾三百萬件，每年會有二十多萬訪客的北海道大學綜合博物館……真是數也數不完。

除了盡情遊覽大學博物館之外，也可在大學有活動時前往參加，體驗日本的校園生活及文化祭（校慶）等祭典，又有另外一種完全不同的樂趣。

國學院大學七夕和服日活動，也歡迎訪客入校體驗。

從國學院大學眺望黃昏街道與富士山，占據最佳角度。

不知不覺也到了博物館該打烊的時候，黃昏時分，遠處的高樓大廈之間，可以看到聳立的富士山，倦鳥飛往山林，我和放學的學生們一起踩著飄落的櫻花花瓣，朝車站前進，人潮之中，回頭望向校園，調整著相機試圖拍下一張照片留念，美術館和博物館收藏了龐大的人類歷史，教人望之驚嘆，而這年春日的這張照片，則是屬於我這個旅人小小歷史當中的一頁。

Info

京王八幡宮櫻花盛名遠播，可串連國學院大學一起遊覽。

如果是在春天前往，可以順道觀賞賞櫻名勝「京王八幡宮」，除了櫻花好看，這裡也是小說及其改編電影《天地明察》的場景，可以免費進入寶物館中觀看。

山種美術館官方網站

國學院大學博物館官方網站

Chapter 3

溫泉篇

泡湯不只是泡湯，還是一種卸下肩上重擔的過程；溫泉的療效，不僅能治癒身體的病痛，還能撫慰心靈。當溫泉的水蒸氣漂浮而起，隨著進入沒有煩惱的世界，磁磚或木樑，晴空或星月，名泉或秘湯，寒冬或夏夜。溫泉是一種人生態度，唯有在極致的修養之後，才能全力面對明天。

幸福泡湯，人生舒暢。

下呂溫泉

修善寺溫泉

伊香保溫泉

日光溫泉

藏王溫泉

岐阜縣 下呂市

下呂溫泉

傳說之中，八百年前，藥師如來佛化作了一羽白鷺，飛往飛驒川的河床，眾人好奇跟上，便見河床上湧出了豐沛的熱泉，此地便是與草津、有馬並列日本三大名泉之一的下呂溫泉。

下呂溫泉古傳可以治萬病，即使在日本有這麼多標榜治病強身的溫泉，下呂仍以特別有療效著名，確實可以稱得上溫泉之王了，再加上泉質是單純泉，無色透明，沒有奇怪的味道，比起「風味特殊」的

溫泉寺供奉「白鷺傳說」的藥師如來。

硫磺泉，就算是溫泉新手也能很快適應。泡完溫泉之後，肌膚柔中帶滑，能不能治病尚待考證，但感覺再多住兩天，就會產生自己能當上選美冠軍的錯覺。

這裡是個休養勝地，是典型的旅館與伴手禮店林立的溫泉街，但同時又保有古早味的老街以及大量可供散步的綠地，能滿足不同的需求。

從車站越過白鷺公園和溫泉大橋，溫泉博物館和溫泉寺可說是必看景點。尤其溫泉寺，祭拜的正是「白鷺傳說」的藥師如來，沿著階梯往上爬，寺廟附近綠蔭蓊鬱、幽雅寧靜，因為地勢較高，可以俯瞰整個下呂，風景十分好。

在老街散步時，試著尋找青蛙的蹤跡，不是真的青蛙，「下呂」（GERO）音同青蛙的鳴叫聲，青蛙因此成為此地的吉祥物，不但有青蛙神社、青蛙瀑布，消防栓、水溝蓋，還有各種想不到的地方，都會出現青蛙彩繪或青蛙雕像，就像尋寶一樣有趣。

沿著河川漫無目的散步著，湍急的小河歡快激越，我的步伐卻緩慢慵懶，偶爾看到不知名的可愛小鳥，便停下來隨興觀賞。

在下呂湯泉的竹管下，就有青蛙雕像。

偶見小鳥蹤影，使人心情雀躍 :)

當然，溫泉才是重中之重，此地最有名的便是位於河床上的免費露天溫泉「噴泉池」……等等，位於河床上是什麼意思?沒錯，這個溫泉就在溫泉街的正中央，溫泉大橋旁，光天化日之下男女混浴，不過別擔心，十年前就已經要求入浴必須穿泳衣，沒什麼好害羞的啦!說不定試過這種一望無際、視野開闊的露天溫泉，還會出乎意料地上癮呢!

如果實在無法接受，但又想在下呂進行溫泉巡禮，也可以購買下呂溫泉旅館協同組合出的通票「湯めぐり手形」，要價日幣一千三百圓，可以選擇三家加盟旅館入浴，嘗試不同的

在飛驒川散策道溪流上，免費的河岸溫泉可以泡個夠。

浴場風情。

　另外，溫泉街裡有不少免費的足湯，有的還可以購買溫泉蛋，若是散步累了，不妨小憩一下。

　不知不覺，晚餐時間來臨，有機會一定要吃道地的鄉土菜「朴葉味噌」，用大片葉子包裹味噌和飛驒牛肉烤成，帶著葉子的清香，味噌微鹹，搭配白飯剛剛好。

　吃飽喝足，被溫泉撫慰過的身體放鬆地沉入黑甜的夢境，鐘鳴漏盡，溫泉鄉的夜晚唯有涓涓的流水聲。

　第二天的我精神煥發，彷彿被補足了元氣，也不知道起作用的是下呂的溫泉或是飛驒牛？不妨來個晨浴吧，有沒有療效，也要多泡幾次才知道。

　揹起行囊，白鷺和青蛙目送著我離開下呂，下次還會再來嗎？我想是會的，畢竟青蛙（KAERU）也音同「歸來」（KAERU）啊！

Info

可以結合飛驒高山、白川鄉等行程，有直達巴士。

下呂溫泉中文官網

濃飛巴士官方網站

大文豪們到此地療養，常在竹林中散步。

靜岡縣　伊豆半島

修善寺溫泉

伊豆可以說是溫泉區的代名詞了，日本再沒有哪個半島像伊豆這樣，好像挖哪裡都會湧出溫泉，有名的熱海也在此處，不過相較之下，我更偏愛清幽的修善寺。

相傳九世紀初期弘法大師以佛具「獨鈷杵」敲鑿桂川而出溫泉，遂開建了修善寺溫泉區，在修禪寺深院修行，福地山修禪寺正是其中最具代表性的寺廟，這樣的古式日本傳統建築連同指月殿、竹林小徑等整區獲得米其林推薦為一星景點。

「修禪寺」是修善寺地區的地標和核心。修善寺是地名，「修禪寺」是寺廟的名字。

也許是因為有佛寺吧，這裡的商業氣息不那麼濃厚，大片綠林點綴著傳統建築，桂川上架著紅色的木橋，透著五分幽雅，五分悠閒。沿著桂川岸，走走長四百公尺的竹林小徑，途中有茶室、竹長椅、瞭望台，隨時都能歇歇腿，然後逛到附近的指月殿、十三氏之墓、源頼家之墓、桂谷八十八所第三十七番阿彌陀如來，再走遠一點到旭龍瀑布、梅林、源範頼之墓。

日本的佛寺和神社常常互為鄰居，修禪寺旁也有日枝神社，神社整體氣質相當古樸，大石上鑿凹淨手台，參道和神社內松杉、櫸樹彷彿直通天庭，都是數百年以上歷史的古樹。神社正殿右側有棵巨杉，從左側同根長出參天巨木，如同抱立一般，樹齡達八百年以上，還夾長著一棵稍小的大

免費的戶外足湯，讓度假享受更加值。

樹，所以統稱為「子寶之杉」，當地人相信如果能由兩棵樹中間一穿而過，可獲庇佑多子多福氣，因而特別設有方便遊客穿樹洞而過的小台階。

修善寺除了旅館之外，也有許多共同浴場和免費的足湯，但既然都千里迢迢來了，不如在旅館停留，好好放鬆身心，享受日本近代文豪的待遇。

伊豆由於鄰近東京，是當時文豪們的休養首選。例如新井旅館，本身就是日本列為保存對象的文化財，吸引文人墨客雅士、梨園俳歌名伎停留，大文豪包括諾貝爾文學獎得主川端康成、芥川龍之介、畫家橫山大觀，都住過這裡並留下歷史紀錄，芥川龍之介為了安撫他的腸胃病、精神緊張，在其中「月十番」房間一住就整個月，尾崎紅葉在住宿時提筆寫《金色夜叉》，川端康成寫下《伊豆溫泉記》，岡本綺堂寫就《修禪寺物語》。

旅館大門口樹立著「天平風呂」四個大字，取意八世紀的奈良天平文化，整棟建築物完全沒使用任何釘子，都以榫接完成，表現出非凡的建築工匠技法，抬頭一看，還有畫家橫山大觀親筆寫下的橫匾「腰忘帶」三字，意思是住宿在新井旅館，一切都太舒適了，連浴衣上的腰帶都忘了繫。

旅館內名為「天平風呂」的石砌大浴場採用臺灣大根檜木，而大廳還別出巧思地以大小不同的石頭排列成九州輪廓，櫃檯旁就是瓷碗杯盤等紀念品、伴手禮、溫泉用品區，而如果從客房望向窗外，一眼就看到竹林與朱橋。

坐在木地板上的桌椅座位，面對園景綠樹，聽著池子邊上鐵製的屋閣形狀大風鈴叮鈴聲，又或是慵懶地餵餵錦鯉魚吃飼料，或在旅館裡大小不等的四個溫泉內泡湯，享受季節懷石料理早晚餐，很自然地就有了鬆放的感覺。但這次旅程最有趣的體驗是，傳統溫泉旅館的女將會準時在早餐時段敲門，即使我們賴床，也堅持喊住客起床，讓她和工作夥伴收拾被褥後，在房間內的桌上布置早餐，而我們睡眼惺忪，又好氣又好笑，不知芥川龍之介住這裡的期間是否也接受了這樣強迫式的待遇？或者言明了放棄早餐，睡到自然醒？

健康的作息、悠閒的街道、舒適的溫泉，難怪文豪們要在這裡常住。唉！可惜我只能住一天，要是我也能住上一個月……。

在這充滿文學氣息的溫泉鄉，我做著中樂透的白日夢，滿心惋惜地踏上了歸途。

Info

從 JR 東京搭 JR 特急踊子號列車直達，如果可以，買靠左側的指定席位，就能看見藍天白雲下的美麗海景；如在 JR 三島車站，可換乘伊豆箱根鐵道駿豆線，在修善寺車站下車。轉搭公車，十分鐘後在修善寺溫泉站下車。

修禪寺
官方網站

新井旅館
地址：伊豆市修善寺 970
電話：558-72-2007

群馬縣　澀川市

伊香保溫泉

當紅楓覆蓋天空，伊香保最美的季節就來臨了。

伊香保溫泉位於群馬縣，和有名的「草津溫泉」並列群馬的兩大名湯，歷史非常悠久，據說在紀元前的垂仁天皇時代就已經被發現，也被記載在日本最早的詩集《萬葉集》之中。

日本的山與溫泉總是比鄰而居，伊香保也是如此，矗立在溫泉之後的山就是臻名山，這座山是火山獨立峰，形似富士山，所以也被稱為「臻名富士」，它還有一個身分，在動漫迷之間更有名氣，這正是賽車漫畫「頭文字D」當中，擁有五連髮夾彎的「秋名山」原型，會叫做「秋名」可能緣於臻名（HARUNA）音同「春名（HARUNA）」吧！

臻名山不難攀爬，偏向健行路線，其下有臻名湖，景色異常優美，但就是交通不方便，如果開車，可以考慮串聯這三個景點。如果單純只去伊香保溫泉，則可以從東京搭乘

「JR上越新幹線」到高崎車站再轉乘巴士，大概需要兩個小時左右；或者直接從新宿車站搭乘直達巴士，雖然需要兩個半小時，但不須轉車，比較輕鬆。

伊香保位在山腰上，到處都是復古風情濃厚的石板階梯，遊客在石階上散步，一邊吃著群馬的名產圓蒟蒻串（玉こんにゃく），一邊走向神社，或者走向溫泉，在層層疊疊的楓葉之中，倚在木橋上拍照。青楓、紅楓、槭樹，彩繪出了秋意的漸層，圍繞著朱色欄杆的河鹿橋，既鮮豔，也朦朧，像是幻想中的和風繪卷，這無疑是最符合「溫泉老街」想像的一景了。

伊香保露天風呂有黃金之湯的美名。

且不要只沉浸在拍攝美景氛圍中，秋意漸濃，拂過肌膚的風也泛著冷，該是時候泡溫泉了。

從伊香保神社往更深處走，前往「伊香保露天風呂」，這裡最有名的就是黃褐色的「黃金之湯」，受惠於泉水含有鐵質，能促進血液循環，自古便是療養名湯，甚至被認為可以治癒不孕症而有「子寶之湯」的美名。

這裡的溫泉池並不大，換衣間也很狹窄，但因為是木造建築，有種古早味的浪漫風情，浸泡在熱湯之中，靠著被水溫燻得微暖的大石頭，仰首眺望藍天和楓葉，當秋風再次吹起的時候，不再感覺到寒意，只覺得放鬆下來的心神，隨著微風起飛，像雲絮一般飄往遠方的臻名山。

離開溫泉的時候，全身暖烘烘的，不用去看溫泉成分表

伊香保溫泉飲泉所，養顏美容免費喝。

上長長一排的療效，也知道這肯定對身體很好，但同行友人一臉神秘地說：「還有對身體更好的呢！快來試試吧！」

回到了河鹿橋附近的「伊香保溫泉飲泉所」，原來，伊香保溫泉是少數能飲用的溫泉，而用喝的效果當然遠勝用泡的啦！飲泉所的泉水是免費的，也同樣是褐色的「黃金之泉」，除了對身體好，據稱也對美容有著極大好處。

然而，面對顏色奇怪、還散發著怪味的泉水，我不禁感到了一絲遲疑。

「這個肯定……不好喝吧……？」

「別想那麼多啊！喝就知道了。」

看著友人鬼鬼祟祟的笑容，我心中充滿不好的預感，但難道不喝嗎？飲用泉如此少見，至少也嘗試個一口吧！

鼓起勇氣把溫泉水倒進嘴裡，我臉色大變，在友人的狂笑聲中差點就吐了出來。

這不就是腐爛雞蛋的味道嗎！而且還有一股可怕的鐵銹味！畢生就沒喝過那麼難喝的東西！看著周遭的日本人一臉感恩地喝溫泉水，還拿容器來裝，我簡直懷疑是不是只有我的味覺壞掉了。

瞪著笑得喘不過氣的友人，我只能催眠自己良藥苦口，艱難地把嘴巴裡的溫泉水嚥了下去。

「好，我肯定要推薦這個地方，我要帶我所有的臺灣朋友來玩，並且鼓吹大家都喝溫泉水！不能只有我喝到！」最後我只剩下這麼一個念頭。

在溫泉街散步了一天，入夜了，楓葉季節的河鹿橋會在晚上時打燈，讓大家可以欣賞夜楓，體會與晴朗白日不同的魅力夜晚。

時起時停的風，搖曳樹木沙沙作響，五指的葉子，像是道別時揮動的手。踏上歸途的我，不由得想起了萬葉集裡的詩歌。

「伊香保之風，吹拂有時靜有時……。」

唯有我的愛意，持續不斷，彷彿喪失了「時間」這個概念。

千年前滿懷熱情的詩人，是不是看著這片燃燒似的楓林，才寫下了流傳千古的詩歌呢？又知不知道千年後的人們會踏過石階，讀著他留下的情書，來到同樣的楓樹下呢？

秋風已停，林木不回答，在靜謐之中，彷若沉睡。

Info

如果喝了溫泉水，在短時間內不要喝含有單寧酸的飲料如茶、咖啡，因為容易與鐵質起反應導致牙齒變黑。一天的飲用量也儘量不要超過一個寶特瓶。

伊香保露天風呂（澀川市觀光情報網站）

伊香保觀光案內圖

東京都

東京的溫泉與錢湯

日本第一的溫泉街是哪裡呢？對這個問題，每個人都有自己心目中的答案，旅遊勝地箱根溫泉、歷史悠久的美人湯草津溫泉，或者是充滿大正浪漫的各種溫泉老街如銀山、小樽，爭論起來誰也不服誰。

但如果說到溫泉的密度，答案就只有一個了，是坐擁伊豆和熱海的靜岡嗎？是以由布院和別府知名的大分嗎？令人吃驚地，全日本溫泉密度最高的地方，竟然是東京二十三

奧多摩地區多山，最適合爬山之後泡溫泉放鬆。

區。

東京怎麼會是溫泉鄉呢？就像日本人第一次來臺灣會去台北，東京也是大部分臺灣人的旅日第一站，但在摩天大樓之間購物血拼結束，就轉戰箱根、日光等地泡湯了，很少會注意東京溫泉的樣貌。當然，這也是因為東京的溫泉不出名的緣故，對日本本地人來說，東京是居住和工作的地方，離開東京才是旅行放假，在東京泡湯正是平凡生活的一環，自然也就沒什麼好宣揚的了。

但東京其實是有不少天然溫泉的，以泉質而言，都心以西到多摩東部，以及離島地區，多是保溫效果高、能刺激副交感神經的鹽化泉（食鹽泉）；臨海地區是能使肌膚光滑的「美肌之湯」碳酸氫鹽泉；西多摩地區則有硫磺泉。都內交通方便，最適合進行體驗各種泉質風情的溫泉巡禮了！

除此之外，東京擁有歷史悠久的「錢湯」文化，錢湯即是公共浴場，在浴室並不普及的年代，人們會前往公共浴場洗澡，比起溫泉街的觀光度假氣氛，錢湯就是人們的日常，浴槽較小、設備簡陋，說不定還沒有露天溫泉，但是掀開錢湯的布簾，與當地居民們一起

有些大型溫泉會附設餐飲區，享受美食更開心。

大江戸溫泉物語規模大，設施齊全。

泡完溫泉觀看走繩索雜耍表演，增添樂趣。

泡在熱水中，仰頭看著富士山的壁畫，不禁就有一種融入這個城市、這條街道的安心感。

錢湯還有一個超級好處是它非常便宜！比起動輒破千的旅館溫泉，錢湯通常都不到日幣五百圓，東京的錢湯還可以購買一冊只要四千四百圓（以二〇二一年六月為例），共有十張的「都內共通入浴券」，相當於一次只要四百四十圓，能夠去十家不同的錢湯，划算到了極點。

若是覺得一下子就去錢湯不太好意思，不妨從與溫泉街比較相近的觀光溫泉開始，例如台場的「大江戶溫泉物語」可說是典型的觀光溫泉，雖然門票較貴，但進去之後可換上美美的浴衣與友人們一起遊覽，除了溫泉外，也有小吃街和遊戲區，同時有模仿江戶時代的雜耍表演可看，非常有趣，很適合溫泉新手。

等熟悉了泡溫泉的感覺，

來杯溫泉牛奶，好喝又營養。

一定要去錢湯看看，這不同於豪華旅遊的在地情境，才是東京泡湯文化的精髓。在江戶時代，公共浴場是庶民的社交場所，熟識的人們天南地北聊著天，享受繁忙以後的放鬆時刻，現在的錢湯也是如此，比家裡的浴室豪華，但又不如旅館那樣奢侈，錢湯是當地居民的小確幸，浴槽中的人們面帶笑容，氤氳的蒸汽中都漂浮著快樂。

泡湯出來，脖子上掛著濕毛巾，頭頂冒著熱氣，來瓶冰牛奶吧！玻璃瓶裝的牛奶沒有紙盒味，完美發揮鮮甜溫潤的甘美，像漫畫裡那樣，一手叉著腰，抬頭讓冰涼的牛奶流進胃裡，平復被泉水燙熱的身體，滿足地嘆息。

下次到了東京，別在繁忙的一天旅程結束時，往旅館的床一倒就睡著，帶著洗漱用具，進行小小的錢湯探險，也許你會愛上這種不屬於觀光客的感覺，這是當地人才能體會的日常放鬆時光。

Info

東京錢湯
官方網站

東京都立圖書館介紹的
各種東京溫泉情報

栃木縣 日光市

日光溫泉

夏日的戰場之原涼爽極了，陽光從樹葉間落下，將綠蔭鍍上一層金粉，幽靜的小河低聲歌唱，河上木橋色澤溫潤，河畔野草青翠欲滴，鳥鳴啁啾，微風簌簌，我眺望著湍急的流水，心神放空，甚至連快門都忘了按。

日光的景點多不勝數，但我最喜歡的就是戰場之原的散步道，濕原中架起了木板路，被大自然的顏色所擁抱，春有嫩綠，秋有燦黃，漫步之間景

走在戰場之原的吊橋上，可欣賞湍急水流。

色空濛，恰如仙境，尤其夏天時水量豐沛，一路行走始終有冷冷水聲伴隨，心曠神怡，暑氣全消。

如果有時間，可以坐公車到「湯瀧」，順著步道慢慢散步到龍頭瀑布，或者從途中的

瀑布奔放宛如龍鬚沖雲，氣勢驚人。

巴士站進入到戰場之原。

名列「奧日光三名瀑」之一的龍頭瀑布形狀優美，即使是在瀑布眾多的日光地區，受歡迎的程度也獨佔鰲頭，初夏時紫色杜鵑盛開，秋季則是日光市內最早開演楓紅的賞楓名勝。瀑布潭附近的巨岩一分為二，形似龍頭，水流正好成為龍鬚，於是得名「龍頭瀑布」。夏季湍激，飛瀑奔流而下，特別好看。正值午飯時間，不妨在茶屋中邊吃蕎麥麵邊觀賞瀑布，蕎麥爽口、瀑布清新，將酷暑化為韶景。

從瀑布再走一會兒，就能到達中禪寺湖遊覽船的乘車處。中禪寺湖是日光最具代表性的湖泊，遊覽船繞湖一周，近距離觀賞許多日光美景。

搭乘遊覽船繞湖一周，滿眼湖光水色美景。

例如聳立於湖北岸，別名「日光富士」的男體山，巨型火山山容端正雄大，位於山麓的中禪寺湖、華嚴瀑布、龍頭瀑布以及戰場之原的草原和濕原，可都是男體山噴火造成的呢！還有男體山的登山口「日光二荒山神社中宮祠」、優雅

的洋館「義大利大使館別墅紀念公園」、日光山開山之祖勝道上人建立的「中禪寺」等建築物，都可趴在遊覽船的欄杆上，邊吹著習習湖風邊觀賞。

心滿意足地下了船，該前往華嚴瀑布了！在日光擁有的四十八座瀑布之中，高九十七公尺的華嚴瀑布可說是最有名的，與茨城的袋田瀑布、和歌山的那智瀑布合稱「日本三名瀑」。從火山爆發所造成的斷崖絕壁上，壯闊懸瀨帶著轟音凌虛飛下，充滿魄力。瀑布的名字據說由勝道上人所取，來自佛教經典華嚴經，附近許多瀑布也被賦予如「阿含瀑布」、「般若瀑布」等佛教名稱，但華嚴經被大乘佛教奉為「諸經之王」，意為「用花朵莊嚴裝飾」，能得此名，想必華嚴瀑布也是上人心目中的「瀑布之王」了。

日本百名山之一的男體山，至今仍是日光的信仰中心。

華嚴瀑布既華美且莊嚴。

華嚴瀑布附近有不少茶屋及店家，走了一天也累了，在此歇腳，喝個下午茶，逛買伴手禮吧！

但這樣回家就太浪費了，來日光最好能玩個三天兩夜，結合二社一寺（見古蹟篇）、鬼怒川（見散策篇）等等。

晚上就住在溫泉旅館吧！日光溫泉地眾多，不同區域的泉質也有差異，非常有趣。例如奧日光湯元一帶是硫磺泉，富含矽酸的乳白色泉湯能促進皮膚新陳代謝、天然保濕，所以被稱為「美人溫泉」；鬼怒川溫泉則是單純溫泉，對身體的刺激較少，活用範圍廣，因為沒有異味，對溫泉新手也較友善。

夜晚來臨，晴朗了一整天的霧降高原沒有起霧，但即使是在盛夏，這避暑勝地的高原南風仍帶著涼意，趕緊躲進溫熱的露天溫泉裡吧！醉人的暖意湧上，水流按摩著辛勤了一整天的雙腳，為身體注入新的活力。

要怎麼安排第二天的行程呢？要在霧降高原上散步，尋找稀少的高山植物嗎？或到高原牧場吃烤肉和冰淇淋、乳製品呢？還是要去釀酒廠參觀，試喝水質優良的栃木縣特產日本酒呢？擁有沙灘的「千手之濱」不錯，地藏像群聚的溪谷「憾滿淵」也很值得一看，景點那麼多，怎麼玩得完？

想著想著就滿心愁緒的我，深深吐息，仰起頭，發現夜幕中滿布繁星，清澈的夜空如此高遠，珠斗爛班。

我伸了個懶腰，躲回溫泉池裡，決定先享受眼前的漆闇與晶亮、泉霧與薰風。

而明天，肯定是個好天氣。

如果乘坐東武鐵道，推薦購買東武的日光周遊券「まるごと日光東武フリーパス」，能自由乘坐前往二社一寺、明智平、中禪寺溫泉、戰場之原、光德溫泉、湯元溫泉等地的巴士。

若要加上鬼怒川地區，可以購買「まるごと日光・鬼怒川東武フリーパス」，日光地區之外，能自由乘坐前往鬼怒川、川治溫泉等地的電車及巴士。

日光湯元旅客中心提供的健行路線及地圖

Info

火紅楓葉與藍綠色湖水中的倒影相映成趣。

山形縣 山形市

藏王溫泉

清晨，籠罩著藏王的不是朝霧，是升騰而起的溫泉水蒸氣。在JR山形車站轉搭巴士，坐到終點站即是藏王溫泉。藏王是山區，巴士一路搖搖晃晃地開始爬坡時，就知道接近目的地了，走出巴士站，撲面而來的是朦朧的水蒸氣和硫磺氣味，毫無疑問，這是溫泉的香氣。

硫磺到底是香還是臭，就跟臭豆腐和榴槤到底是香或臭一樣，擁護者和反對者永遠站在兩個極端，但對熱愛溫泉的人來說，這個味道直接與舒服泡湯劃上等號，即使它聞起來有點怪，但也肯定不會是令人反感的。

也許因為如此，第一次從藏王車站走出來的時候，我就不由得對這個地方心生喜愛，我去過很多溫泉街，不乏精美繁華之地，但我不很喜歡太過商業化的地方，像藏王這樣，就很剛好。

抬頭就可以看見遠山，河道中流淌著溫泉水，河堤上的楓葉在蒸氣中輕輕搖曳，儘管也是旅館和伴手禮店比鄰而居，卻仍然透著一股自然、古意盎然以及日本東北地區特有的粗獷。

藏王溫泉是一個溫泉鎮，就座落在藏王山腳下，藏王山是一座火山，溫泉正是源於火山地熱。

藏王溫泉有兩條纜車路線，一條是藏王纜車（蔵王ロープウェイ），一條是藏王中央纜車（蔵王中央ロープウェイ），藏王纜車的終點站「地藏山頂」便是攀登藏王山的登山口，從這裡可以走過藏王連峰，前往觀賞主峰熊野岳的火口湖，藏王連峰登山道修整完善，非常便於攀爬，但畢竟是火山，有著專屬於火山的粗礪地貌，也有不少岩場，不推薦沒帶登山裝備的觀光客前往攀爬，但若是有備而來的登山客，肯定要順勢造訪這座被列為「日本百名山」之一的名峰（詳見登山篇：藏王山）。

不過即使不爬山，還是可看火口湖，在藏王車站可以坐巴士，從另一個方向登上熊野岳，不需要攀登。

另一條藏王中央纜車，比較適合輕裝健行，悠閒地散步前往離車站有一小段距離的獨鈷湖（ドッコ沼），湖畔種滿了楓葉，秋季最美，火紅的楓葉與藍綠色湖水之中的倒影相映成趣，在楓葉林中散步，呼吸著芬多精，聽著緩慢的水聲和楓葉的沙沙聲，短暫的秋日彷彿被無限地拉長，不知不覺中，一個下午就在此流逝。

為了洗去散步時的汗水和塵沙，是時候享用旅館的溫泉了。藏王溫泉屬於強酸性的硫磺泉質，能讓肌膚變得白嫩柔滑，所以是有名的「美肌之湯」，但源泉溫度相當高，溫泉水偏熱，注意不要浸泡太久，免得過熱而產生暈眩、脫水等症狀。

我在藏王住過好幾個不同的地方，即使是便宜的旅館，溫泉都相當棒，足以讓人流連再三，但我最喜愛的其實是獨特的「共同浴場」，藏王溫泉街中總共有三個共同浴場，分別是「上湯」、「下湯」和「川原湯」，這種共同浴場是小小的木造建築，一進去先是窄窄的更衣區，再進去就是僅能容納五人左右的溫泉池，連洗澡的地方都沒有，但木造溫泉池別有風味，白天陽光從木天花板的隙縫中灑進溫泉水裡，夜晚則點亮著暈黃的燈，比起觀光客，更頻繁光臨的是當地人，和他們一起享受小小的溫泉，好像也融入了這個城鎮。

藏王街的上湯共同浴場木造建築，別有風味。

我也樂於拿著地圖在街上尋找著下一個浴場，偶爾會被其他店面吸引目光，但最後發現那袖珍的木造建築時真是滿心歡喜，就像一場低調卻奢華的溫泉巡禮。

共同浴場每次需要日幣兩百圓，但只要在藏王的旅館住宿，便可以免費索取共同浴場入浴券。再加上住宿旅館的溫泉，可謂四重享受。

泡湯之外，當然還要享

「十四代」系列的日本酒號稱是清酒之王。

用大餐，藏王位於山形縣，山形是日本享譽盛名的米產地，也是和牛產地，所以旅館的餐點幾乎都很好吃，如果能喝酒的話，也要趁機享用一下這裡的日本酒，用山形米釀的日本酒，沒有不好喝的，如果經濟條件許可，還可詢問看看有無「十四代」系列的日本酒，這個系列是山形最知名的品牌，一出了山形縣，由於奇貨可居，往往會被炒出五倍以上甚或十倍的高價，山形縣的餐廳為了防止高價轉賣，還出現一定要盯著客人開酒甚至喝完的奇景，但十四代確實好喝至極，大吟釀是我目前心目中的日本酒第一名。

除了牛肉、米飯、日本酒，藏王最具高人氣的當屬成吉思汗料理（ジンギスカン）了，這是一種羊肉和蔬菜的烤肉料理，有點類似我們的蒙古烤肉。正如同蒙古烤肉並非蒙古人發明的一樣，成吉思汗料理也跟成吉思汗沒什麼關係，是日本人的創作，只是真正的源頭眾說紛紜，即使藏王主張他們才是始祖，但現今講到成吉思汗料理，應該還是屬北海道最著名，幾乎可說是北海道的代表食物了。

使用特殊鍋具的成吉思汗料理。

我自己的感想是，藏王的更精緻一些，北海道的更豪邁一些，嚴格說起來可能藏王的成吉思汗料理更美味，但北海道的豪邁觀感，很容易讓人聯想起風吹草低見牛羊的廣闊草

鴨之谷地湖幽靜，秋有絕美楓葉相伴。

原，確實是很「成吉思汗」，難怪它聲名更盛。

在溫泉住了一晚，第二天清晨不妨早起一些，到鴨之谷地湖（鴨の谷地沼）散步，這裡就在離溫泉街很近的地方，是一個幽靜的湖，還有個小瀑布，春天時開著水芭蕉，秋天時楓葉環繞，清晨的風帶著冷意，森林靜謐得像是沉睡中的美夢，只能聽見遠方隱約的鳥鳴。

這裡有一個齋藤茂吉的歌碑，他是個詩人，特別鍾愛藏王，為藏王和藏王山寫了無數的詩歌，站在歌碑前遠眺藏王山，可見四季如此鮮明，新綠的湖畔，濃烈的夏日，火紅的秋意，深冬的白雪，這樣的美景，確實應該賦詩一首，可惜我所擁有的詞彙太少了，只能嘆息著離開。

藏王最馳名的首推秋季和冬季，秋天賞楓，冬季可以上山看樹冰，也就是雪怪，是由冰雪包裹樹木而成，但無論什麼季節，這裡的自然都是出奇地美。

最後剩下的時間就在溫泉街裡散散步吧！老街的石板地和木造建築別有風味，沿著石階往上爬，有一個小小的神社，這裡已是溫泉街的盡頭了。看完山景，享盡溫泉，吃了大餐，也買了伴手禮，該踏上歸程了。

沿著石板路往車站走，旁邊又出現了剛到藏王時看到的河川，河川旁邊立著介紹的告示牌，說這條河裡的瀑布叫做「回首瀑布」，但凡走到這裡的溫泉客，總是會忍不住回頭再看藏王一眼。

「你這麼自賣自誇的，那我肯定不聽你的啊！」我心想。

我朝著車站走去，背後傳來轟隆的水聲，那是河川混合著溫泉水傾瀉而下的聲音。

旅程的結束總是令人不捨的，最後我還是忍不住，回頭看了一眼。

瀑布帶著溫泉水，流淌過古樸的街道，熱氣飄然湧起，霧影晃動，遠處藏王連峰沉默聳立，整條溫泉街靜極了。

黃昏，籠罩著藏王的不是晚霞，是持久不散的溫泉水蒸氣。

Info

山交巴士網頁：
（由山形車站搭車到藏王溫泉車站）

藏王溫泉觀光協會網站

藏王纜車網站

藏王中央纜車網站

福島縣 耶麻郡

磐梯山與五色湖

湖泊蒼藍，森林翠綠，平坦的會津盆地之中，三角形狀的磐梯山恆久屹立，如同通往天空的磐石階梯，抬首仰望，耳邊彷彿聽到遠方傳來福島民謠「會津磐梯山」的歌聲：

「哎——呀，會津磐梯山是寶山喲！從細竹林裡黃金滿溢而出——」

當然，草叢裡是撿不到金子的，但這座火山的數次爆發，讓周圍形成了生態豐富、景色優美的多湖地形，也讓山麓湧出治癒身心的溫泉，這窮極自然造化之力的一切，比金銀珠寶要珍貴得多了。

磐梯山是福島的象徵，從山麓即可仰望積雪的山頂。

磐梯山的南側稱為「表磐梯」，端正優美的三角形狀正是從南方眺望的明媚風景，北側則稱為「裏磐梯」，一百多年前因為發生火山爆發，導致山體崩落，可以看到粗獷荒涼的一面，崩壞岩壁上裸露出的火山岩層堪稱地質學的寶庫，一般不可能窺見的火山內部是極為難得的壯觀絕景。

磐梯山高約一千八百公尺，總共有六條登山路線，除了冬季之外，是難易度較低的山岳，根據路線不同，耗時約三到五小時，由於山容壯麗、地位崇高，被列為日本百名山之一，如果有時間體力，不妨登頂賞景。五月下旬，磐梯山開山之後就直接進入最美的時節，山間的綠意層巒疊翠，遠處的湖景碧藍連天，春夏之交，高海拔的東北氣溫微涼，在山頂上伸個懶腰，吸進一口濕潤而清新的芬多精，感覺好像血管裡都流淌著草木森林。

從磐梯山上下來，飢餓的身體渴求著營養補給，吃碗拉麵如何呢？知名的喜多方拉麵就在福島，醬油湯頭，但沒有東京的那麼鹹，麵條Q彈，分量十足，最棒的部分當然是叉燒囉！喜多方拉麵的特點就是叉燒燉得超級柔軟，一進入口中立刻化開，鮮甜的油脂與濃

拉麵的叉燒燉得柔軟肥美，與溏心蛋滋味搭調。

烈的香氣，讓人忍不住浮起滿足的笑容，一口接著一口，店裡沒人捨得說話，每個桌子上都只有吸拉麵的簌簌聲。

吃完拉麵，還想來點飯後甜點嗎？會津地區與自然、季節共生，和菓子也品項眾多，要是覺得日本的和菓子太甜難以入口，推薦使用大量起司的

從湖邊就可看到遠處的磐梯山。

改良和菓子店「太郎庵」，夾著起司和鮮奶油的鬆軟蛋糕帶點鹹味，甜美可口。有趣的是，太郎庵因為一直在尋求創新，我去的時候剛好碰上日本流行臺灣雞蛋糕，看著滿櫃的臺灣雞蛋糕卷，還有豆花、愛玉、仙草製作的果凍，我真是哭笑不得啊！還好傳統日式糕點也依舊販售，不然就得在日本買臺灣豆花當伴手禮了。

咬著蛋糕回到旅館，若是天氣晴朗，泡溫泉前後不如在外面走走，磐梯山附近的光害較少，容易看到美麗的星夜，甚至有旅館提供星夜散步導覽，盡情夜遊磐梯山的星空與

湖色深黑，透著魅惑氣息。

自然風光，是很特別的行程。

星光隱沒，早晨到來，何不啟程前往五色湖散策。五色湖的正確名稱是「五色沼湖沼群」，不過日文的「沼」並不是沼澤的意思，與「湖」的區分不大，通常是比大湖再小一些的湖，五色湖就是這樣的小湖群，有昆沙門沼、赤沼、龍沼、弁天沼、琉璃沼、青沼、柳沼等等大大小小的湖。

青沼湖色碧綠，映照長空。

因為富含火山礦物質，每個湖的顏色各異，有些碧青、有些深黑，青的如同寶石，黑的深不見底，煙波浩渺，清澈晶瑩，幽靜又神秘，沿著湖緣慢慢散步，角度一轉換，湖面又呈現嶄新顏色，令人直呼不可思議。

不同季節到訪五色湖，湖色也會略有不同，所以常說五色湖不能只來一次。除此之外，湖畔的生態也有所差異，春天有春天的花，夏日有夏日的樹，秋楓與冬雪都各有其綺麗之處，在早晨的靜謐湖畔，尋找各種動植物的痕跡，像是一場小小的探險。

花一個早晨放鬆散步，又回到旅館裡，來到裏磐梯區域泡溫泉，可要選一家能中午退房的旅館，退房之前，好再洗一次溫泉，暖暖身子吧！從露天溫泉眺望，湛藍的天、聳立的山，遠方隱約的水波，被大自然擁抱的感覺，不禁愜意得昏昏欲睡，朦朧之間，我又聽見了「會津磐梯山」的歌聲：「小原庄助為什麼散盡家財呢？他最喜歡早晨睡覺、早晨喝酒、早晨泡溫泉——」

「哈哈，過這種神仙生活，那肯定要破產啊！正是如此，正是如此！」我笑出聲來，滿足地趴在大石頭上，決定等下喝杯日本酒，醉醺醺地踏上歸途。

撿到吃剩的松果，表示附近有松鼠，因為形似炸蝦天婦羅，日文稱為「森林的炸蝦」。

Info

五色湖散步路線交通方式：搭乘磐梯東都巴士，若要前往五色沼入口（毘沙門沼的方向）在「五色沼入口」巴士亭下車，若要前往裏磐梯高原車站口（柳沼、青沼、琉璃沼的方向）則在「裏磐梯高原駅」巴士亭下車。

裏磐梯訪客中心官方網站

裏磐梯觀光協會官方網站

Chapter 4 登山篇

安達太良山
與岳溫泉

藏王山

日本的山林之美，就是四季輪迴之美。春山是嫩綠的，點綴著山櫻的粉；夏山是蒼鬱的，偶爾被沁涼的雷陣雨抹上一層灰；秋山紅楓如烈火燎原，野菇在枯木上爭相冒頭；緊接著大雪將這一切都覆蓋，冬山蒼白寂靜，猶如永眠⋯⋯直到冰消霜融，第一抹綠意悄然探出——季節起死回生。
山林之美，目眩神迷。

富士山

丹澤

高尾山

高水三山

筑波山

關於登山篇

登山雖然快樂，但因為深入大自然，具有某種程度的危險性，一定要衡量過自己的身體、裝備等狀況，確認詳細路徑、天候等資訊再出行。

本篇綜合提示如下：

一、本篇所標示攀登時間參考官方網站，大致上是成年健康男性的步行時間，可以依據自己的速度重新做評價。

二、日本大部分的山不需要入山申請，但最好向警方提交「登山報告」（登山届），通常登山口附近會設有郵筒可供提交，如果看得懂日文，也可以通過「登山 compass」（https://www.mt-compass.com/）這個網站提交。

三、因為日本救援費用高昂（假如出動民間直升機，一分鐘就要價一萬日圓，所以動輒上百萬），因而推薦加入登山保險，日本登山保險十分發達，有很多同意只保需求天數的保險。

四、沒有經驗的話，千萬不要在冬季前往日本爬山，日本緯度較高，冬季幾乎都是雪山，和其他季節需要的裝備完全不同，危險度也大大上升。再加上許多山屋冬季並不營業，也存在有道路封閉、巴士停駛的風險。

五、山屋須事先預約，心存僥倖容易被拒之門外。大部分山屋要求透過電話預約，也有一些會接受電子郵件預約。日本的山屋很嚴格，最好確保能在下午三點之前到達山屋，要是到得晚，通常會被訓話，更慘還會沒食物可吃。萬一忽然無法成行，記得要聯絡山屋。

六、日本的登山道通常整理得很好，同時，也嚴格禁止離開登山道，特別是在國家公園內，踐踏、採集動植物是犯法的，必須注意。另外，能否紮營、能否開火，根據山區不同，衍生不同的規定，若有需求，應事先調查瞭解，免得揹了裝備上山卻不能用。

七、大部分的登山口會有廁所，但山頂上可能沒有，擔心的話，可以在登山用品店、便利商店、百元商店等地購買攜帶式廁所。另外，有不少廁所是需要收費的，價格從一百日圓到三百日圓不等，這是因為高山上氣溫過低，細菌無法發揮分解功能，全憑人力運下山所致。

八、日本所有山區都沒有垃圾桶，請把自己製造的垃圾帶下山，無痕山林，美麗的環境需要大家一起守護。

日本登山實用免費 APP 及網站：

▶**YAMAP**：有 APP 版本及網頁版，可以看登山專用地圖，並有社群功能可下載別人的路線，或看網友分享即時資訊，並且也提供登山保險。最推薦的是其中的「守望功能」（みまもり機能），在爬山時開啟，能將 GPS 位置實時回報給設定的對象如家人的電郵，不僅能讓家人安心，若有意外，立刻提交給警方，有助警方縮短搜尋時間。另外也有官方 LINE 帳號，加入好友即可從 LINE 查閱地圖資訊。

網頁版

APP

▶**国土マップ R**：日本國土地理院推出的 APP，提供標準地形圖、陰影地形圖、航空照片等等，不是登山專用的，但很適合用來了解地形。

▶**てんくとくらす**：難得的免費登山用天氣網頁，會根據晴雨、風速等資訊，標示出登山指數，A 是適合登山，C 是不適合。

▶**Yamakei Online**：日本最大的登山雜誌「山與溪谷」所營運的登山情報網站。除了登山地圖之外，也有很多即時的訊息，例如登山道、山屋的狀況等等，也有推特可以追蹤。

▶**氣象廳的火山活動狀況**：日本有很多活火山，根據火山活躍程度不同，可能會限制入山，如果攀登對象是火山，務必要先行確認。

富士山

午夜的岩場上沒有一絲人工光線，即便夜幕中星羅棋布，依舊暗得伸手不見五指，就在這個時候，一盞頭燈亮起、兩盞頭燈亮起……無數的頭燈排成長長一條通往山頂的路，猶如地上的銀河——是登山客準備出發攻頂看「御來光」了。普通的日出只是日出，唯有歷經千辛萬苦，熬過寒冷夜晚方能得到的太陽恩澤，才叫做「御來光」。

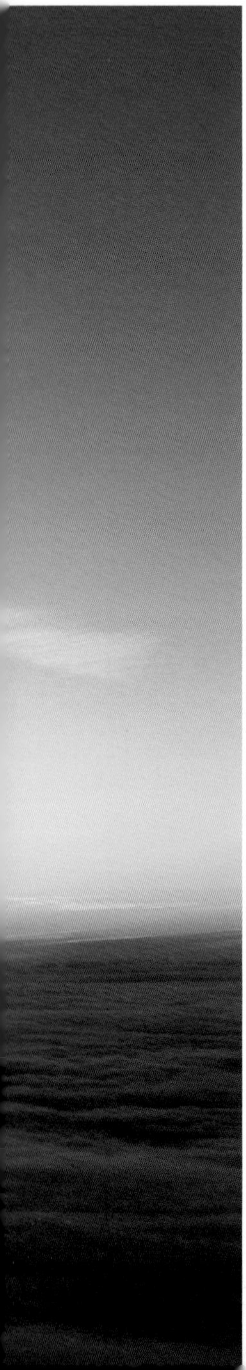

這裡是富士山，日本之巔。

每個國家的最高峰總是令人嚮往的，因為這是人類憑自己雙腳所能到達的極限，就像和別國的登山客聊到臺灣時，他們的第一反應往往是「我去過玉山」或「我想去玉山」。富士山吸引了無數海內外的人潮，它不只是一座山，更可說是一個精神象徵，一種文化。

我喜愛在日本爬山，最常被詢問的便是關於富士山的問題，其中最多的是：「我沒在爬山，也沒在運動，需要鍛鍊嗎？鍛鍊到什麼程度才能去？」

不可諱言，像富士山這樣的高峰是很危險的，最大的危險是高山症，其次則是落石、跌倒、迷路等一般登山也會發生的問題，但我每次都會回答：「真的想爬富士山，就立刻準備，這個夏天就去！」

從吉田線遙望地平線，迎接御來光。

要訓練登山，唯有登山。考量到發問的人通常都不是專業登山客，那麼一年一年地往下拖，並不會等來他們變成「健腳」，只讓原本可用年輕力壯去應付的問題變得應付不了，這是我回答「立刻去」的主因。再者，雖然登山界常說「山就在那裡」，但富士山是活火山，今年不去，要是噴發了呢？那可就永遠去不了了。

富士山地位特殊，是一座觀光山，登山道經過細心的整理維護，攀登難度十分低，只要體力還行，未引發高山症，老弱婦孺均可攀爬。至於怎麼知道自己有沒有高山症，在臺

富士山在腳下，一生至少值得感受一次。

灣不妨先去合歡山主峰看看，開車就能到達三千公尺以上，倘若在此出現不良反應，應該先尋求特別訓練克服高山症，不建議出國遠征。

我自己去過兩次富士山，第一次走的是最簡單的吉田線，第二次則是離最高點「劍之峰」較近的富士宮線，兩條線路各有優劣，如果是新手，推薦吉田線，登山道最好走、山屋最多、救治點和救難人員配置也最完善，但正因如此，吉田線非常多人，對專業登山客來說，肯定會覺得很擠，就算是第一次去，走其他的路線可能較好。

不管哪條路線，起攀點同樣是各自路線的五合目，「合」的意思是「標準的十分之一」，所以五合目正是第五個十分之一，亦即這座山的一半之處。我第一次去時，早上從吉田五合目出發，住宿在七合目的山屋，後來發現這樣離山頂太遠，趕不上看日出，第二次就改住宿在富士宮九合目的山屋。

富士山的山屋晚餐幾乎都選擇提供咖哩，部分山屋甚至可無限吃到飽，雖然只是簡單的料理，但累了一天，什麼東西都好吃得很，這肯定就是山的魔法。

（上圖左）吉田線山屋提供的咖哩飯。
（上圖右）在富士宮線山屋吃到的咖哩飯。

吃完晚餐，不妨在山屋附近散散步吧！富士山的夜晚深邃又靜謐，腳下全是雲海，遮蔽了都市的光害，被無垠的天空所擁抱，廣大的宇宙之中彷彿就剩下自己一人，但這種孤獨是安寧的，與在城市裡的寂寞不同，在山裡的孤獨，是全然放鬆的。

午夜時分，為了看日出而出發的登山客排成了長龍，向山頂進發。頭燈照亮了腳下的路，休息時可要記得抬頭看看滿天的星斗，富士山的璀璨星空並不輸給日出，只因攀登時的緊張和疲倦，讓人忘記了欣賞美景。

到達山頂的登山客們尋找著看日出的最佳位置，太陽升起之前，天空暗如潑墨，盛夏的富士山頂，就像嚴冬一般寒冷，大家穿上了羽絨外套，揉搓著雙手，唇邊呵出的熱氣消散於冷風中。

幾點了？還沒嗎？好冷啊！離日出還有多久？山頂上響起了嗡嗡的討論聲。

但當那一刻來臨的時候，大家都靜了下來。

隱沒在黑夜中的雲朵被橘黃浸染，東邊的天空逐漸泛起了亮色，準備拉開一天的序幕，眾人屏氣凝神，等待那個瞬間的來臨。

終於，月隱星消，黑夜被熱烈的光芒驅散，圓滾滾的太陽從雲層中蹦出，把暖意撒落在每一塊冰冷的岩石上——日出了。

山頂上響起了歡呼聲，有人抹淚、有人微笑、有人嘆息、有人擁抱，我們是不認識彼此的陌生人，各有自己的故事，但今天的日出是同屬於我們的，同屬於山頂上的、被山岳獨有的一體感所連結的每個人。

日出之後，人潮散去，若有餘力，最好的行程是繞火山口一圈，感受巨大火山口帶來的震撼，接著前往富士山的最

親眼看到火山口才會覺得震撼。

高點劍之峰，享受站在日本巔峰的殊榮。

和山頂石碑拍照以後，登山這條長路只走了一半，山頂不是終點，登山會持續到下山結束為止，而漫長的下山道，才是這趟旅程最累的部分。兩天一夜的旅途接近尾聲，一千五百公尺的標高差把體力消耗殆盡，和攀登時有攻頂的信念支撐相反，下山比較倦怠，所以艱辛。

下山最有趣的路線是吉田線和須走線共用的下山道，一路都是火山紅砂，即使是平衡感良好的老道登山者，也容易在細碎的砂粒上滑倒，不時會有煞不住車的人怪叫著跑過，為枯燥的下山增添一點趣味。站穩了，可別在這裡受傷，不然就功虧一簣了啊！

回到五合目登山口，雙腿像麵條一樣軟弱無力，但心情卻是激昂的。

「好累啊！我想倒頭就睡。」

「我想大吃一頓，我要吃牛排！」

「我想去洗溫泉！我好臭！」

「我又累又餓又臭，太慘了太慘了，下次不爬了啦！」

「不爬了不爬了！下次鐵定不來了！」

黃昏時分在富士宮線，雲海地平線美得驚人。

大家爭執著接下來的去處，並且做出對富士山敬而遠之的誇張表情。

但明年夏天你照樣還是會想起它，會想起三千公尺高處的稀薄空氣，想起遠離塵囂的夢境，你不會記得疲憊和疼痛，只記得雲海黃昏、星光烺烺以及天穹灼亮的那一眼，你滿懷驚嘆，幾乎都說不出話來。

到時候，你就會說服自己說：「也該是時候去看看『御來光』了！」

Info

- 高山症嚴重可能致死，若出現高山症症狀，不管離山頂是不是只差一步路，請立刻下山。若是速度很快，富士山是可以當日來回的，這被稱為「彈丸登山」，但由於容易引發高山症，官方一直宣導不要這樣做。通常富士山登山是兩天一夜，不過也可以採用前一晚睡在五合目的三天兩夜計畫，這會讓高山症的發作機率下降。也可以在登山用品店或藥妝店購買小型氧氣瓶（酸素スプレー），一罐大約是日幣五百圓左右。
- 吉田線上提供免費出借安全帽的服務，這是為了預防落石及火山噴發，雖然戴安全帽較重也較熱，為了安全還是推薦領取，但一定要記得還。
- 如果下山之後全身痠痛，泡溫泉、攝取蛋白質（例如多吃肉或喝乳清蛋白）會有幫助。

富士山官方網站：富士山每年夏季開山，大致是七到九月，但根據氣象條件，會有些微差異，切記要先確認開山日期才出行。

山屋一覽表：山屋一定要先預約。另外，人多時山屋很吵，推薦帶耳塞。

裝備租借：如果不想購買專業裝備，也可以用租借的，富士山周遭有不少裝備租借店家，也有可在登山口歸還的服務，相當方便。

丹澤

若問我哪裡的日出日落最美，我會在富士山和丹澤之間猶豫一小時，最後選擇丹澤。富士山雖好，卻有一個壞處，就是在富士山上無法眺望富士山，但攀登丹澤，富士山景一路相伴，美不勝收，不用面對「只緣身在此山中」的遺憾。

丹澤的登山路線有相當多條，最高峰是「蛭之岳」，「丹澤」其實是丹澤山塊的總稱，其中雖然有一座「丹澤山」，但其他山頭也各有特色，再加上瀑布眾多，爬山之外，溯溪

蒼鬱的森林，在演繹一場樹的對話。

也相當興盛，要是朋友說要去丹澤，那可要問清楚是丹澤的哪裡，免得揹上小背包興沖沖集合，卻發現其他人都帶著攀登繩索，那可就尷尬了。

爬丹澤也有不少人會選擇當日往返，但我總覺得，還是要待上一晚才能基本體會這片山域的美好。最推薦的路線是從「矢櫃峠」（ヤビツ峠）登山口入山，攀登到「塔之岳」或「丹澤山」，停留一個晚上以後，往返「蛭之岳」，再從「大倉」登山口下山的縱走路線，但矢櫃峠路線較為陡峭，有一些岩場，如果擔心，也可從大倉來回。

秋末，從矢櫃峠入山，一路都是蒼鬱的森林，在即將枯萎的野草襯托下，寶藍色的龍膽花一欉一欉地向陽盛開，優美俏麗，恰如高山上的精靈，朝陽將這一切都抹上了朦朧溫暖的顏色。

向上攀爬不到兩個小時，登山客們發出了驚嘆，原來是一望無際的晴空盡頭，富士山從森林和山脈之上露臉。富士山可說是關東地區登山者的心靈皈依，只要看到那獨特的造型，所有的疲憊都會被洗滌一空，只剩下滿心歡喜，雖然關東大部分的高山山頂都能看到富士山，但像丹澤這樣一路有富士山相伴的登山路線並不多。

到了行者之岳附近，開始出現岩場，假若只是想上山散步賞花的話，建議在此折返。

下午兩點，我們到達當晚住宿的塔之岳「尊佛山莊」，山莊附近有補水點，沁涼的山泉帶著淡淡的甘甜，是只有在山間才能享受的美味。山頂平坦寬闊，適合野餐賞景，西面正是矗立在層巒疊翠背後仍顯高聳入雲的富士山，迷濛夕霧之中，猶如潑墨山水一般。東面則可以俯視遙遠的街道和海灣，山景海景，一次滿足。

在丹澤，擁有遠眺富士山的最完美角度。

夕霧之中的丹澤山塊和富士山，如潑墨畫。

日落地平線，韶光美景難以言喻。

夕陽西下，燦爛的白日逐漸轉為橘紅，向富士山傾斜，大空的雲彩都被染成溫柔的暈黃色，我們屏氣凝神，望著高聳的山岳對落日張開雙臂，迎接一天的結束。終於，太陽撲進了富士山懷裡，周遭逐漸黯淡下來，眾人這才發出了感慨聲，不知道是為美景興嘆，抑或是在感傷這彷彿電影的落幕。

但丹澤的一天並沒有就這樣完結，夜幕初籠，山巒已經沉睡，城市卻還醒著，掌燈時分，東面的街道依次亮起萬家燈火，猶如地上星河，沒有雜質的濃黑天穹裡，雲漢如同宇宙的投射，如同凡間的倒影，遼闊而浪漫；西面的富士山深陷在夜色侵蝕下，卻不知道正有什麼活動，山麓周圍一朵又一朵的煙火綻放，絢麗的花火一瞬間就湮滅，就像是日出日落，也像是這山中的每一刻，所有景致都精彩萬分，但是短暫，所以令人目不暇給，又心生珍惜。

千萬等級的夜之光景，讓人捨不得去睡。

「這才算是百萬美金夜景。」友人低聲讚嘆，小心翼翼地似乎怕驚擾了入睡的山林。

「至少也值千萬吧！」我笑著接話。

友人也笑了起來，我們不再交談，沉浸在燦爛的低低星垂包圍下。

山屋的夜晚是安靜的，所以顯得兵荒馬亂的凌晨特別嘈雜。尊佛山莊的早飯是關東煮，寒冷的薄曉時分，喝一口熱湯再舒服不過，尤其白蘿蔔燉得柔軟入味，入口即化，真是完美的清晨。

但太陽還沒出來，一天就還沒開始，匆匆吃過早餐，登山客們蜂擁而出，在山莊門口等待日出。

明月落往富士山的方向，重複著晝夜的循環，東面的街道被晨曦浸染，地平線那端，山與海當中，我們在寒風裡發著抖等待破曉，朝陽初昇，曙光襲捲了海灣、覆蓋了城鎮，也籠罩了我們，還未感覺到日華的溫暖，黑夜留下的冰冷已然消逝，所有人的臉上都泛起笑容。

每天都有日出，但今天的日出是特別的，和昨天不同，與明天也不會一樣，未來永劫，這一幕會長存於我的記憶

日出之際，霞光萬丈，注入溫暖、明亮與幸福。

深處，永不褪色。

揹起行囊，我們在晨光中重新出發，往返丹澤山之後，往大倉方向下山，途中我們刻意繞路去「鍋割山」，因為此地的鍋燒烏龍麵遠近馳名，可謂山屋必吃料理。果然，明明離正中午還早，山屋門口卻大排長龍，都是等待購買烏龍麵的登山客。等候許久，終於輪到我們，鍋燒的湯頭噴香，烏龍麵料多大碗，白色的麵條上堆滿了長蔥、菇菌，還臥著雞蛋，讓人光看就飢腸轆轆，難怪漲價到一千五百日圓還是被瘋狂搶購了。

倘若沒有足夠體力在丹澤山上縱走，往返鍋割山也是非常受歡迎的路線。鍋割山上其實並沒有水，必須靠人力運水上山，山屋的主人逐漸老去，不再能負擔如此繁重的勞動，山屋現已面臨危急存亡之秋，所以也一直呼籲登山者做義工幫忙運水上山，可惜我們在縱走，這趟是幫不上忙了。

山屋的香濃鍋燒烏龍麵具有超高人氣。

吃飽下山，途中與揹著巨大紙箱的山屋工作人員擦身而過，紙箱上寫著「白蘿蔔」。

「你看，那肯定是我們今早的早飯，那麼好吃的關東煮，都是靠著他們一步一步運上來的。」友人停下腳步，表情十分感慨。

「對啊！是因為有他們，我們才能輕鬆享受丹澤的美景。」

山屋的經營十分辛苦，除了提供房間、運送物資，還要負責修整登山道，甚至在山難時出動救援，缺少對山的熱愛，肯定是支撐不下去的，然而若無山屋，登山會變得異常困難，山屋保證了我們的安全，是山野中最令人安心的存在。

工作人員的步伐緩慢卻堅定，逐漸消失於我們的視野。

「下次我們也運水上來吧？」

「好啊！」

我們順著登山道，離開了丹澤山脈。

今夜的丹澤仍會有落日餘暉，明朝的丹澤照舊月隱星沉，但每一天的每一個模樣，肯定也截然不同，有多少光陰，便有多少美景。

Info

溯溪路線推薦最能代表丹澤的「水無川本谷澤」路線，從「戶澤出合」停車場入山，攀登九個瀑布之後會到達塔之岳山頂，不同的瀑布各有特色，夏季涼爽，冬季則可看到完全結凍的冰瀑，如水晶吊燈般垂掛在山壁上，華麗優美。戶澤出合可以搭帳篷，冬日夜空晴朗高遠，天上繁星無數，壯麗非凡。

如果要坐小田急前往，丹澤大山兩日券「丹沢·大山フリーパス」非常划算。

神奈川縣官方網站

東京都　八王子市

高尾山

從喧鬧的車站走五分鐘，就到了高尾山的登山口，濃蔭遮天，小溪潺潺，瞬間就覆蓋了都市的塵囂。

位於東京的高尾山，由於被列為米其林三星景點，近幾年遊客暴增，登山電鐵門口排起了長長的隊伍，所以不太推薦週末前往。

高尾山是我在日本爬的第一座山，因為住得近，此後也成為我休閒踏青的首選，看到越來越多人來到自己喜歡的山上，與有榮焉的同時，心情不免也有點複雜，但高尾山的山頂並不是高尾山的全部，對於想要一窺高尾山面目又害怕人多的登山客，我會推薦「奧高尾」以及「高尾陣馬縱走」路線。

在高尾山車站下車，再走五分鐘就到登山口。

離高尾山最近的車站是京王線「高尾山口」車站，不想爬山的話，倒可在此轉搭登山電鐵，從「清瀧」車站，坐到終點「高尾山」車站，離高尾山藥王院便只有二十分鐘路程，參拜完藥王院再走二十分鐘就到達山頂。

如果願意從登山口開始攀登，高尾山的高度是五九九公尺，所有的登山路線都修繕良好，很適合新手或家庭一起健行。如果對登山沒信心，不妨走藥王院的表參道路線，也就是一號線，幾乎整條路都是鋪裝過的柏油或石板路，不需要運動鞋也可走。

容易走的登山步道，吸引許多人上山。

藥王院是保佑健康的佛寺，每天都有許多虔誠的信眾穿梭其中。參拜固然重要，但來到這裡，最重要的就是要吃高尾山名產烤糰子！從車站到藥王院，有好幾家販賣烤糰子的茶屋，我個人最喜歡的是藥王院境內的「天狗十穀力糰子」，糯米加上芝麻、紅豆等十種穀物，烤得香噴噴的，再塗上微甜的核桃味噌醬，口感

從高尾山登山口開始攀登，山的高度是599公尺。

軟Q扎實，瞬間幫疲憊的身體充滿電。

另外還有兩條不會經過藥王院的路線，夏天的時候，推薦走會越過瀑布和溪水的六號線，微風吹拂，蟲鳴鳥叫，即使在最炎熱的天氣裡，這條路線也是沁涼的。

至於我的最愛，則是會經過一個迷你稻荷神社的稻荷山路線，這條線比較陡峭，但也是上下山最快的，因為未經鋪裝，雨後地面相當濕滑，最好穿登山鞋。這同時也是遊客較少的一條路線，保有較多大自然的原生態，近距離接觸泥土與樹木，心曠神怡。

在山頂眺望富士山，天地無窮盡。

到達山頂以後，若是天氣好，便可遠眺富士山，山頂有供人吃飯的茶屋，或者也可選擇野餐，春有櫻花秋有楓，夏天有濃綠的樹木庇蔭，冬天則能欣賞富士山的白頭，再也沒有什麼比在大自然中品嘗美食更舒心的了。

經常登山健行的人，上到高尾山山頂後應該尚有餘力，不妨再往裡走一點，越過高尾山，便是被稱為「奧高尾」的地區，「奧」就是「裡面」的意思，可以說是高尾的後山，從這裡起，遊客便大量減少，可以暢遊在純粹的自然園地，尋找各種特別的動植物。

冬天的奧高尾山道旁，常會看到由植物毛細現象形成的「冰花」，天冷的時候，冰花整片「盛開」，夢幻般美麗。春天的時候，山櫻綻放，遠處陣陣鳥鳴，沿著櫻花一路往前走一個小時，就會到達城山，城山山頂之前有一片花圃，春天時，水仙等花朵盛開，是最美的季節。

在城山茶屋，值得享用這裡的名產「滑菇湯」（なめこ汁），味噌湯裡放入大量的豆腐和滑菇，再撒上提味的七味

冰花是高尾山的特色，是冰不是花。

粉，料多實在，好喝暖胃。別遺漏了必點飲品「甘酒」，甘酒是無酒精飲料，就像是甜酒釀，夏天的時候，茶屋提供冰甘酒，沁涼消暑，冬天換成熱甘酒，最適宜捧在手裡暖著掌心，在朦朧的煙霧中眺望富士山。

覺得壓力大的時候，我常常會一個人跑到城山吃午餐，我喜愛這裡微風和樹葉間灑落的午後陽光，在城市裡看不到的季節變化，花香鳥鳴和靜默的富士山，讓我感覺到一種被洗滌的放鬆。

這裡有很多登山路線，可以折返回到高尾山，也可以從

滑菇湯與甘酒。

城山往相模湖走，前往觀賞湖景，而如果是比較資深的登山者，我會推薦花八個小時進行高尾山到陣馬山的縱走，雖然高尾山是觀光山，但越過山頂後、往陣馬山的路上，登山道人煙稀少，地貌較為原始，也有相當險峻的部分，比一號線有趣得多，到達陣馬山之後，是一段非常陡峭的下坡，接著與車道合流，前往「陣馬高原下」巴士站，就可回到高尾山口車站或到八王子車站。

如果是從高尾山下山，不妨在車站附近的溫泉「高尾山極樂湯」泡個湯，洗去全身的汗水，極樂湯有內湯、三溫暖

和好幾個不同種類的露天溫泉池，也附設有餐廳，很適合長時間逗留，不過因為交通太過便利，高尾山又是熱門景點，週末往往相當擁擠，人多的時候，溫泉池如同在煮水餃一般，大家擠在一起浮浮沉沉。

泡完溫泉，入夜了，人潮散去，在餐廳裡享用完高尾山名物山藥泥蕎麥麵的我，也跟著踏上了歸途。

就在離都市這麼近的地方，竟然有這樣的自然樂園。離開時我沒有依依不捨地翹首回望，因為我知道自己還會再回來，當我承受不了都市的稠密喧騰，我就會再回到它的懷抱。

陣馬山有趣又有挑戰性。

Info

如果要搭乘登山電鐵或纜車，可以購買京王線的套票比較划算。

高尾山藥王院登山案內

高尾山溫泉極樂湯

東京都 青梅市

高水三山

喜歡爬山嗎？喜歡日本酒嗎？春山櫻花盛開，花見新酒滋味甘甜；夏山暑氣蒸騰，淡麗生酒沁涼解熱；秋山桂花飄香，豐收時節肯定會想起大吟釀；冬山萬物偃息，何不溫一壺熱燗，暖暖身心？爬四季的山，喝四季的酒，心動了嗎？那一定要走一趟高水三山。

高水三山位於東京郊外奧多摩，是高水山、岩茸石山、惣岳山這條縱走線的總稱，雖然是縱走，但三座山頭都不高，累積上下標高約為八百出頭，全程沒有難關，是非常好走的健行路。

高水三山風景秀麗、樹林蓊鬱，但除了小試身手的初心者，大部分登山客醉翁之意不在「山」，都是真的想當醉翁才來的，原因就出在山腳下有一座「澤乃井園」。

澤乃井園是一座日本酒酒窖，通常日本酒的酒窖都位於米產區，也就是平原區，很難在山嶽附近看到，但澤乃井園卻挑選了米之外的另一個日本酒元素為主打——水。奧多摩自然資源豐沛，山泉清冽，釀造的酒當然好喝。除此之外，澤乃井園也盛產另一種需要純淨水源的食材，那就是豆腐。

兩款不同口味的豆腐，因為水質純淨，都相常綿細爽口。

樹椏伸手向藍天，高水三山適合健行賞景。

園區內有豆腐餐廳，提供各種豆腐料理搭配日本酒，非常美味，但最棒的還是品酒處了！

品酒處每天會提供十種以上的酒，一杯從日幣一百圓到五百圓不等，第一次買酒時會附上一個小酒杯，此後只要拿這個小酒杯再去買酒，每次能折價一百圓。小小一杯酒就要五百，看似很貴，但想想這是一瓶要上萬日圓的大吟釀，也就挺划算的了。

品酒處內有販賣零食，但千萬別在這裡買，樓下的伴手禮店有更多好吃的東西，可別錯過了！我個人最喜歡的是吃起來像煙燻起司的煙燻豆腐，以及害怕吃日本甜饅頭的人也會喜歡的卯之花饅頭，這兩樣都是豆腐製品，還有微辣的烤魚乾也很下酒，最後可以購買豆漿（豆乳）和布丁當飯後點心。

帶三五好友，在下山之後，分食各種下酒菜，品評著不同的日本酒，乾杯！大家喝更開心，聊著剛才的山路，聊著下一次旅程。

奧多摩的森林綠葉成蔭，登山道旁，水聲淙淙，也不知這清澈山泉，將流往何方。

Info

交通方式：JR 青梅線「軍畑」車站下車，按照標示到登山口後開始攀登，越過惣岳山之後注意分歧，往「澤井」車站的方向下山，到達澤井車站之後順著路標指示，前往澤乃井園。

澤乃井園官方網站：
如果想參觀酒窖，可以電話或網路預約。

御幸之原的樹根路是好走的路線。

茨城縣 筑波市

筑波山

千萬不要在假日去筑波山，否則會很疑惑自己是來爬山的嗎？還是來排隊的呢？作為「日本百名山」之中標高最低，同時也是北關東最有名的一座山，堪稱是登山界的迪士尼樂園，特別是黃金周等連假時期，別說登山道了，就連附近的馬路都會擠得水洩不通呢！

沿著登山鐵道上山時，不時可見小火車行駛而來。

筑波山歷史悠久，在日本最早的詩集《萬葉集》中就有大量讚頌它的詩歌，若以地名分類計算，光憑筑波山一己之力，便讓它所在地的舊國名「常陸國」進入被詠唱排行榜前十，對文人墨客的吸引力可見一斑。

筑波山山容優美，常被與富士山相提並論，有「西富士，東筑波」的美名。又由於早晚光線不同，山峰會隨之變換顏色，尤其夕陽西下時，山巒被霞光籠罩，呈現優美華麗的紫色，得名「紫峰」。

若只是想要賞景，可以乘坐登山鐵道或者纜車上山，便可坐到山頂之下，眺望茨城縣的山水。

要是想爬山，筑波山有許多登山道，最有名的便是「御幸之原」與「白雲橋」兩條路線。御幸之原較為陡峭，幾乎是沒有迂迴地一路爬坡，但沿途森林蓊鬱，地面是比較好走的樹根路，慢慢散步的話是難度不高的路線，一部分的登山道靠近鐵路，得以看見登山火車疾駛而過，非常有趣。

面對石門，傳說中，就連武僧弁慶也要望而卻步。

白雲橋則是筑波山最經典的路線，常有人會說，不走白雲橋，等於白來一趟筑波山。登山道沿路可看見各式各樣巨大的奇岩怪石，令人驚嘆大自然的鬼斧神工，其中最有名的是被稱為「弁慶七戻」的石門，「戻」就是「返回」的意思，日本神話之中，認為石門是分隔神界與人界的關卡，加上這樣奇詭的怪石，最上面的橫向岩石彷彿立刻就要當頭砸下，怵目驚心，於是就連著名武將源義經的手下、勇猛無比的武僧弁慶，來到此處也冷汗直流，七次站到門前又七次返回，不敢貿然穿過。

白雲橋因為巨岩多，理所當然岩場也多，是難度較高的路線，如果要走的話，推薦上山時走。另外，如果是春天到訪，「杜鵑花之丘」（つつじヶ丘）滿山花朵綻放，美不勝收，也很推薦從這個登山口入山，越過杜鵑花海後，與白雲橋路線匯合。

來到山頂前的平台，有展望台和許多茶屋，中午時分，不妨試試茨城縣的鄉土料理「卷纖蕎麥麵」（けんちんそば）吧！茨城早晚溫差大、排水能力強的傾斜地多，自古以來就是蕎麥的大產地，知名品種「常陸秋蕎麥」名聞遐邇，在關東圈獨占鰲頭。而卷纖湯是使用大量當地根菜類植物製作成的湯頭，在茨城通常用於蘸蕎麥麵吃，是當地獨特的吃法。

炒香在地好料做湯頭的粗蕎麥麵，吃出暖香 Q 勁。

炒過的芋頭、蘿蔔、牛蒡、香菇等等加味噌、醬油調味，煮成的湯頭香噴噴，再加上富有嚼勁的粗蕎麥麵，明明身處冷風陣陣的山頭，卻想起故鄉溫柔的農田，喝一口熱湯，暖意從胃裡泛起，不禁微笑起來。

筑波山有兩座山頭，分別是「男體山」和「女體山」，但這個男女可不是普通的男人、女人，在日本神道信仰之中，筑波山是「神體山」，也就是神靈寄宿之山，又稱「靈峰」，夜晚來臨時，男神、女神會降臨御幸之原，山林本身便是神域，所以登山口和山頂都有神社，整座山充滿了神秘的氣質。

下山路上，我一個人走在靜謐的森林裡，思索著「神」的存在，雖然日本自古便崇敬山岳，把山林當作神域，但像筑波山這樣至今仍受尊崇的靈山其實不多，神存不存在，各人有各人的見解，但人們對山的信仰與愛護，無疑是美好的事，也讓筑波山與別的山不同，多了一絲神性，多了一些特別的韻味。

這也許就是為何筑波山標高不高，卻還是入選日本百名山的原因吧！再者，登山路線有難有易，有森林、有岩石，也有花田，可說是麻雀雖小，五臟俱全，假日時人潮洶湧、摩肩擦踵的盛況並不奇怪。

好險今天是平日！漫步幽靜的登山道，我慶幸著自己英明的決定。

回到登山口，回到神社之中，白紙飄揚的注連繩分割了神與人的世界，古樸的神社就像弁慶不敢越過的那道石門，守衛著眾神居住的山脈。

「我平安回來啦！謝謝您。」我虔誠地雙手合十。

微風吹起，拂過山頂的巨岩，穿越山下的橘子林，向晚時分，紫峰被農田圍繞，飄飄然如仙境，卻又與這片大地緊密相連，茨城的居民們抬起頭，仰望從萬葉集時代就未曾改變的景色，世上有神，或者沒有，山岳都是如此神性，對自然的敬畏與熱情，即是信仰。

Info

使用大眾交通工具前往，非常推薦購買筑波特快（つくばエクスプレス）的周遊券「筑波山あるキップ」，除了可以自由乘坐筑波山區域內的巴士，前往不同登山口，也能用於許多伴手禮店、溫泉等設施的折價。

茨城縣的筑波山介紹網頁

筑波山神社的筑波山介紹網頁

福島縣中部

安達太良山與岳溫泉

窗外嚴寒刺骨、冰封千里，溫泉水裡，棉絮般的「湯之花」上下浮動，恍若大雪紛飛，我趴在窗口，渾身暖意，不由得發出一聲滿足的嘆息。

東北，凜冽寒風席捲雪花呼嘯而過，安達太良山的冬季已經來臨。

其他季節也很棒，但冬天的安達太良山別有風味，如果已經有一些冬攀經驗，這裡會是很適合小試身手的地方，雪量極多，但標高不高，沒有危險的冰壁，也沒有複雜的冰岩混雜地形，只要天氣好，盡可享受雪原散步的浪漫風景。不過因為雪深及腰，最好是帶上雪鞋。

經典路線是由奧岳登山口越過滑雪場往上爬，若是體力不夠，也可以坐滑雪場的登山吊椅上升到第一個山頭藥師岳。通往藥師岳的林道風景秀麗，值得一遊，早晨的陽光從樹芽間灑落，像在雪地上鋪了一層金粉，隆冬時分，枝頭仍結出了花苞，忍耐著等待春天來臨。

藥師岳頂端有小巧古樸的祠堂，登山客們談笑著吃零食補充體力，再往前走幾步路，便會看到安達太良山最有名的紀念碑——「此上的天空才是真正的天空」。這句話出自於詩人高村光太郎的名作《智惠子抄》，詩中女主角智惠子抱怨東京沒有天空，而遙遠的安達太良山上的青空，才是真正的天空。

站在紀念碑前的我忍不住摘下墨鏡，今天天氣晴朗，沒有任何遮蔽物的晴空高曠澄淨，抬首望去，眼中唯有雪的白、天的青，配色壯麗，頂上一片濃藍。

智惠子說的沒有錯，在東京林立的摩天大廈隙縫之中苦苦掙扎的暗灰，令人窒息，那不是真正的天空，安達太良山上，天空沒有疆界，自由伸展直到遠方，這兒的天空，才是

這種深藍色的天空，
只在冬天可以看到。

真正的天空，也唯有這樣的景色，才能解放被壓迫的心靈，終於脫離龐雜的塵囂，深深地喘了一口氣。

再往山頂走吧！離開樹林帶之後，即使天氣晴朗，風也變得強烈。東北的雪山以暴風知名，一定要做好抗寒準備。

結凍的路標上有一面延伸出冰刺，稱做「蝦尾」，只有強風地區才會形成。

安達太良山上的藍空，美得如夢似幻。

山頂是一塊突起的巨岩，道路狹小，最好脫了雪鞋，改穿冰爪爬。頂上能夠瞭望東北的名山如吾妻連峰、磐梯山，面對這麼多的山頭，不禁對下一個目標心嚮往之。

到了該下山的時候了。安達太良由於標高不高，即使是冬攀也可以當日來回，但這樣離開就太浪費了，因為這一帶可是隱藏著名湯——黑鐘小屋呢！

黑鐘小屋是安達太良山上的山屋，跟其他山屋不一樣的是，它就位在溫泉泉眼上，所以全年供應溫泉。

一接近小屋，就聞到濃濃

的硫磺味，是了，這就是溫泉的味道！小屋內部是挑高的木造建築，餐廳裡燒著懷舊風的炭爐，寢室是榻榻米通鋪，簡單整理行李之後，我迫不及待地前往溫泉。

狹小的換衣間裡，冷風從木板的間隙滲入，外面可是零度以下的雪原，我像逃命一樣衝進了浴室。

畢竟是山屋，泡湯的場域也同樣狹小，只有可容納大約三個人的浴池，洗漱的空間不大，並且不能使用沐浴乳等化學洗劑，所幸剛好沒有其他人，簡單沖洗之後，我便泡進了溫泉之中。

溫泉裡漂浮著大量的白色棉絮，這可不是髒東西，是沉澱在溫泉裡的礦物，稱為「湯之花」（或者湯之華、湯華），如此豐富的礦物質，幾乎就是泉質良好的保證了。窗外的狂風暴雪再也威脅不了我，我舒舒服服地獨享溫泉，也獨享安達太良山的雪景。

全身暖烘烘地回到大廳，來杯果汁或啤酒吧！在火爐旁一邊看書一邊發呆，因為無事可做，山屋裡的時間總是格外漫長，但這種無聊是舒適的，心情如此放鬆，讓人想懶洋洋地睡過去。

只是我的肚子開始唱空城計了，晚餐時間還沒有到嗎？

黑鐘小屋的晚餐是咖哩飯，第一次來的人可能會嘆息說：「唉，怎麼又是咖哩？日本的山屋太寒酸了！」但可別急著評價喔！這處的咖哩和別的山屋不一樣，黑鐘小屋的咖哩非常有名，甚至有人專門上山來吃，評比為日本山屋咖哩第一名呢！

用勺子舀起咖哩飯，我滿心急切，嗷嗚一聲大口吞下——原來如此！馬鈴薯鬆軟、牛肉滑嫩，料多實在，湯汁香濃，就連作為配角的醃菜也清脆爽口。我不是咖哩愛好者，也不是美食家，評論不出日本第一、第二的，但我給這份咖哩的評價是：下一餐我還願意再吃。

不多說了，先再來一盤！

咖哩飯料好實在，風味更勝其他山頭。

吃完晚餐，我坐在被窩裡繼續看書，大廳傳來登山者們的談笑聲，幾點了呢？我拿起手機看了一眼，在這網路不通的山野中，平時依賴成性的手機，也就僅僅是一個比較重的鐘表罷了，再也不會因為網速太慢或電量不足而感到恐慌。

與現代社會的聯繫被山脈全部切斷，我反而產生了一種莫名的安全感，打了個哈欠，鑽進被窩裡。

清晨，登山客們開始陸陸續續地起床，準備攻頂的人緊張地整裝，而我因為只剩下山路途，非常悠閒地多賴了一會兒床。

循著雪地上的兔子足跡，就是前往樹林深處的路徑。

山屋的早餐豐盛，還有溫泉蛋，不愧是溫泉鄉。吃飽喝足，我辭別黑鐘小屋，散步著下山，這天的天氣也極為晴朗，我心情悠閒，在雪原之間尋找兔子和狐狸的腳印，想像著居住在這裡的動物們過著怎樣的生活。

下山之後，我前往安達太良山和二本松車站之間的岳溫

岳溫泉雖小，卻是冷冽冬日裡的極致享受。

泉。岳溫泉是一個小小的溫泉街，源泉也來自安達太良山，和黑鐘小屋可說是千里一線牽，風景悠閒很適合散步，有溫泉神社、湖畔公園，還有免費的足湯。東北位置偏遠，倘若是專程來玩，不妨在此停留一個晚上。

岳溫泉最著名的美食莫過於豬排蓋飯店家「成駒」了，每到中午，店門口大排長龍，有附近的居民，也有遠道而來的老饕，更有像我這樣餓著肚子、滿懷期待的登山客。

上菜囉！厚實的炸豬排裹上特調醬汁，豪邁地堆疊在白米飯上，酥脆美味、分量十足，要是吃得下，還可以再多放上一顆溫泉蛋，大快朵頤，心滿意足。

炸豬排飯特別可口，超乎想像。

此地因為與安達太良山分享同樣的溫泉血脈，十分支持登山活動，如若是剛從山上下來，別忘記向老闆領取登山者限定的小鳥吊飾。

酒足飯飽，我拖著遲鈍的身軀在湖邊消食，輕盈的水鳥振翅而起，飛向高遠的晴空。

但還是雪山上的那片碧色更美。

都還沒離開這裡，我已經開始懷念安達太良山的天空了。

Info

本篇介紹冬攀，是因為安達太良山是經典的雪山，冬攀需求裝備較多，沒有裝備可考慮其他季節前往，春夏秋冬各有各的美好。也可以單純只去岳溫泉。

黑鐘小屋：由於老朽化再建工事，目前預定營業到令和五年（2023 年）三月三十一日，詳細營業時間、狀況，以官網為準。電話：090-8780-0302（衛星電話）

安達太良高原滑雪場：基本上全年營業，冬天運行的為登山吊椅，其餘季節則是纜車。滑雪場有滑雪學校、裝備出租等服務，爬山之餘滑個兩趟或是專門來此滑雪也很適合。

宮城縣／山形縣

藏王山

深秋，木道上的苔蘚泛起褐色，凝露從鮮紅的漿果上滑落，把低矮的花枝染濕，岩場上，今年的初雪已經落下，我小心翼翼地選擇落腳的地方，一步一步往上爬。「別下雨，也別起霧啊！拜託！」我在心裡默默祈禱。藏王山脈的盡頭，火口湖在等著我。

望向山坡線，山在虛無飄渺間。

如紅寶石般的漿果傳遞上山的驚喜。

我可說是深愛著藏王的，但卻常常與藏王山有緣無份，幾次規劃行程，下雨、颳風、暴雪，什麼惡劣狀況都有，取消了一次又一次，真正成行的時候也往往天氣不好，最慘的一次剛好撞上颱風，不甘心的我就像那種會登上新聞的白痴登山客一樣跑到纜車售票處詢問，被售票小姐疾言厲色地訓話。

今天雖然天色陰沉，算不上好天氣，但仍保有一定的視野，只要上了山頂能看到火口湖……。

藏王山是藏王連峰的總稱，最高峰是名為「熊野岳」

的山頭，但大多數人攀登藏王山並不是為了熊野岳，而是為了熊野岳與另外一座山頭刈田岳之間的火山口湖「御釜」，

上山先是鋪木板路，後段接近山頂就是石頭路了。

日文的火山口或是火口湖稱為「御釜」（OKAMA），原意是火灶的意思。

藏王山的攀登難度較低，先坐藏王纜車到終點站「地藏山頂」，便只有大約四百公尺的標高差需要走。一開始都是平緩的木板道，可悠閒地欣賞山巒疊翠以及東北的特有植物，到了熊野岳山下，才會出現岩場，攀爬時記得回頭眺望，隨著標高上升，視野便越來越開闊，飽覽群山晚楓。

我們到達熊野岳山頂時，由於天氣不佳，觸目皆是白霧環繞，寒冷與寂靜之間，唯有嬌小可愛的岩雲雀在石頭之間蹦蹦跳跳，稍微撫慰了低落的心情。

「怎麼辦啊？要是一直都是這個天氣……！」

「再等等看吧！也拿山霧沒有辦法。」

躲著晚秋的寒風，我們窩在避難小屋裡草草吃了午飯，重新朝火山口出發。

越過熊野岳，腳下是比較好走的草地，午後的天氣稍微好轉，也讓我們對霧散多了一些期待。

一步一步走向目的地，終於，陽光衝破了雲霧的封鎖，傾盆洩下，視野瞬間打開，映入眼中的是巨大的火口湖，

大自然的鬼斧神工火口湖。

在山壁包圍之間，浩渺煙波散去，萬頃碧藍如同液態的寶石，銀銀反光。

「哇……！」我們無法克制地停下腳步，發出了不成語句的驚嘆聲，太過震撼，良久之後，罷工的大腦才重新運轉，艱難地拼湊出一些例如「好好看」、「真美」的破碎語句。

再豐富的詞彙，遇到這樣的美景，也都是軟弱無力的，自然之美沒有極限，大地無聲，山林的吶喊卻震耳欲聾，輕易能使人落淚。

我們就像歸巢的倦鳥一樣，飛快地奔向火口湖，一連串的快門聲響起，誰都想要永遠留下這樣的美景，但東北的季風實在太冷了，還沒拍幾張，手機就開始裝死，相機也宣告罷工，我們面面相覷，不由得失笑出聲。

「唉！算了，算了，反正拍下來也不夠好看，哪台相機能比得上眼睛啊！」

「那趕緊在腦海裡多拍幾張，記憶永不褪色嘛！」

「東北這個山風啊……，哎喲，我的眼睛是沒關機，身體倒開始發抖了。」

「走走走！下山洗溫泉！」

我戀戀不捨地邁開腳步，風景再美，終究不得不下山，這也許是登山和旅行最遺憾的事情了，但不結束這一段旅程，就不會有下一段旅程，旅行就像人生，不斷回歸原點，是在為下一次出發做準備。

如果思念，我可以再回到這座山上，這次我會挑不同的季節，春山嬌媚、夏山活潑、冬山冷肅，我還想再來看看它不同的樣貌，為此我必須下山。

「走囉——！溫泉在等著我們。」

「來了，來了。」

最後一眼，山嵐重起，琉璃鏡般的湖面沉入煙籠之下，再不能窺伺。

「謝謝，再見。」我輕聲地對藏王山說。

即使終須一別，我還會再來見你。

藏王山以冬天的樹冰聞名，但由於氣候條件複雜，如果沒有冬攀經驗，不建議單獨挑戰，可以參加滑雪場的行程，搭滑雪車前往觀看。

山交巴士每天會有一班公車前往火山口湖（藏王刈田山頂），可在藏王溫泉巴士站確認時間並搭乘。（見溫泉篇：藏王溫泉）。

藏王纜車中文官方網站

Info

Chapter 5
散策篇

十勝池田葡萄酒城

市場上的討價還價是人間煙火，都市裡的青翠溪谷是沙漠綠洲。漫步古道，回溯千百年的歷史；觀花賞鳥，享受最絢爛的今朝。每一條散步道都沒有終點，山還是海，抑或是一個城市的興衰，慢慢地走，細細地看，才能體會旅行的美好。

悠閒慢旅，輕鬆愜意。

日光江戶村
與鬼怒川

掛川花鳥園

昭和紀念公園

北見狐狸牧場

網走鄂霍次
克流冰館

石川縣 金澤市

金澤市

巨大的「鼓門」映入眼中，現代化的車站設備中保留著傳統的日本文化之美，寬廣明亮的環境與川流不息的人潮，曾被選為「世界最美車站」的金澤車站，正是觀光都市金澤的大門。

與金澤「世界最美車站」浪漫相遇。

落坐志摩茶屋一隅，遙想歌舞昇平的黃金年代，風流婉轉。

金澤市位於石川縣的中央，是北陸最大的城市，在江戶時代，統治此地的「加賀藩」是除了江戶幕府以外最有錢的政體，作為其城下町，金澤的繁榮順理成章，是人口僅次於江戶（舊東京）、大阪、京都的超級大都市。

承接了加賀藩的歷史文化，金澤擁有許多傳統工藝，例如陶瓷器「九谷燒」、絹織品「加賀友禪」，還有漆器、和紙、醬油等等，但最有名的還是金箔，由於金澤位於日本海一側，全年濕度非常高，符合金箔的製造需求，金箔生產量高達全日本的98%，銀箔更是到達了壟斷全國的100%。

見過金箔羊羹，此物只在金澤才能一見。

在金澤，什麼都要加點金箔才夠味，冰淇淋裹上整片金箔，躍居一般冰品望塵莫及的高身價，工藝品加金箔、和菓子加金箔、入浴劑加金箔，甚至連只用一次的衛生筷都夾著金箔，打開的時候金粉飛揚而落下在食物上，成為這一餐的閃光點，走火入魔的程度令人心生崇敬又啼笑皆非。

因為富裕也因為繁華，金澤才有實力建築「兼六園」這樣的奢華名園（見古蹟篇），並大力發展能樂、文學等等藝術、工藝，一個小小的城市裡彷彿到處都是美術館（見美術館及博物館篇）。

到了金澤，肯定要先探訪兼六園和金澤城公園，金澤城雖然沒有天守閣，但遺留下許多重要的結構，被列為重要文化財，同時也不停在挖掘、修復城中的構造，例如鼠多門橋在廢城之後遭到撤去，數年前我去金澤時，正好看到鼠多門橋的挖掘作業現場，聽說現在已經修好並公開，真想再去確認看看變成什麼樣子了呢！

當然還有金澤城旁邊的尾山神社，這座祭拜加賀藩藩祖、戰國武將前田利家及其妻阿松的神社，同樣被列為重要文化財，除了高聳而充滿魄力的神門之外，神社內的庭園小橋流水、氣氛閑靜，也很適合慢慢散步。

走遍城堡和庭園，今日運動量十分充足，肚子也咕咕叫，午餐時間到了，不妨移步近江町市場吧！金澤靠近日本海，漁獲豐富、海產新鮮遠近馳名，向來就是金澤市民的廚房。如果無法料理生鮮海產也不用擔心，到市場裡的店家點上一份海鮮丼，就能完美享用日本海的恩惠。

吃飽喝足，該前往東茶屋街了！東茶屋街是「重要傳統式建造物群保存地區」，少見地留下整片的傳統房舍，也是最能代表金澤茶屋文化的地方。在這裡，許多觀光客選擇穿上和服，漫步在木造建築林立的老街上，木屐輕響，彷彿將人帶回上一個世代，而古風盎然的老街之中，大部分店家販售的商品也與金澤的傳統

玉泉院丸庭園是曾因廢城而消失的池泉式回遊庭園，已依靠遺構和繪畫重建。

尾山神社自有歷史氛圍下的靜謐美感。

注意一下鮭魚卵上的金箔，有金箔才突顯金澤特色。

工藝有關，是金澤不可錯過的觀光景點，更是金澤歷史的見證者，一間一間店細細觀看品味，有趣極了。

　其中最有名的就是重要文化財「志摩」，這間建立於江戶時代的茶屋被完整保存下來，脫下鞋子，小心翼翼地走過沉靜的榻榻米，優雅纖細的和室空間、立著石燈籠的茶屋庭園，竹簾攔住了窗外的陽光，暈黃的燭火映照著金色的屏風，太鼓陳列在紅綢上，似乎能聽見穿越時空而來的樂聲與談笑。

　我就像一個走錯時代的旅人，為誤闖這脫離日常的神祕空間而惴惴不安，直到走進別館，在寧靜的茶席間，眺望著濃綠的庭院，抹茶濃醇好喝，生和菓子也甜蜜可口，我深深嘆了一口氣，被暖熱起來的胃帶回人間。

一顆生和菓子，感受志摩光陰的悠然流轉。

　在茶屋街閒逛到夕陽西下，懷中抱滿了戰利品，肚子裡也稍稍騰出了餘裕，要吃什麼呢？這個問題足夠我掙扎一個小時了。是石川縣的鄉土料理「志部煮」嗎？是秋天正肥美的北陸螃蟹嗎？是肉質細膩、油花均衡的高級和牛「能登牛」嗎？是匯聚日本海資源的集大成之作海鮮天婦羅嗎？我在金澤的街頭徬徨徘徊，真心誠意地埋怨起造物主為何這

左上志部煮、左下能登牛、右海鮮天婦羅。

麼吝嗇，只給了我一個胃？

但如果這是我人生中的最後一餐，我肯定要選擇赤鯥！赤鯥的日文叫做「のどぐろ」，就是「喉黑」的意思，源自牠的喉嚨是黑色的。這種魚味道獨特高雅、肉質綿密細嫩，帶著肥而不膩、恰到好處的脂肪，不管是生魚片、煮魚、烤魚都好吃，但我最喜歡的是生魚片稍微炙烤過表面，新鮮甘美的魚肉帶著微微焦香，入口後立即化開，好吃得眼淚都要掉下來，光是想起那份滋味，我就直嚥唾沫，魂牽夢縈，不外如是。喉黑魚產於日本海，也就是北陸一帶，即使是隨著物流發展讓全國運送變得可能，但在其他地區還是很少見，如果到了金澤，千萬不要忘記品嘗這珍饈海味啊！

夜幕降臨，醉倒在喉黑魚溫柔鄉中的我哭哭啼啼地不想離開金澤，這座觀光都市，無論你喜愛文學、藝術、音樂，欣賞古老日本或者現代風格，偏好自然風光還是華麗雕琢，想要大快朵頤抑或痛飲美酒，它總是能滿足你，又讓你覺得還沒滿足。

於是你還會再來，路過兼六園的雪松和木橋，市場的人聲鼎沸、海產鮮香，茶屋街洋溢傳統文化風情，工藝品散發著華美金色光澤，迎著日本海的風，你聞到了金澤濕潤的空氣。

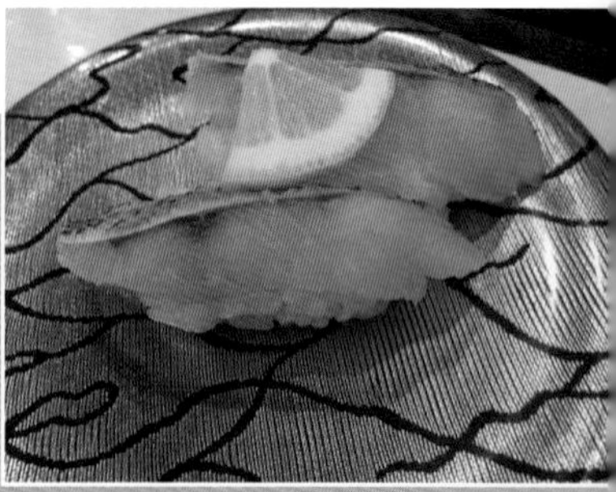

赤鯥壽司肉質甘美，入口即化，贏得白魚中鮪魚肚的美譽。

Info

周遊巴士

金澤城公園
官方中文網站

尾山神社
官方網站

埼玉縣 川越市

川越

川越的街道上，彷彿還留著上一個世紀的光影，木造建築、寺廟煙火、洋風街燈、石板道路，車夫拉著人力車越過人群，路邊小吃攤飄來香氣，綿密鹹口的烤糰子、外脆內軟的烤飯糰，還有古早味的彈珠汽水，遊人漫步而過，笑語嫣然，恍然之間，好像來到了江戶的城下町。

來一串川越名物烤糰子，用味蕾刷一下存在感吧。

烤飯糰外層烤到像鍋巴一樣香脆，裡面熱騰騰、白米扎實又柔軟，吃了還想再吃。

下午三點前買好小點心，再到時之鐘底下觀賞報時，時機正好。

走入川越街道，好像有穿越時空的感覺。

有「小江戶」之稱的川越位於埼玉縣西南部，離東京僅半小時車程，江戶時代的川越是川越藩的城下町，非常繁榮，至今仍擁有眾多神社寺廟、城跡、遺跡等，在關東地區，文化財的數量僅次於超級古都鎌倉和日光，也是埼玉縣內唯一被認定的「歷史都市」。

除此之外，川越當時是個農商都市，農產品、工藝品也極其發達，特別是享譽全國的狹山茶，有「色為靜岡，香為宇治，味為狹山」的俗諺，與靜岡茶、宇治茶並列為日本三大茶。由於在狹山丘陵開墾茶山，川越藩同時也在荒地種植番薯，十八世紀川越芋一船一船運往江戶，造成大流行，號稱比栗子更甘甜，甚至被上貢給德川將軍，至今仍是川越的知名作物。

來到川越，最重要的行程便是在老街「川越一番街」和「大正浪漫通」盡情閒逛，觀賞古色古香的街道建築，其中最有名的是十六公尺高的鐘樓「時之鐘」，這是川越的地標，江戶年間幾度毀於火災，藩主命令重新鑄造，一直堅守著為這個城鎮提供正確的時間，現在時之鐘一天會報時四次，每當鐘聲響起之前，鐘塔下便會聚集眾多等待報時的觀光客。

從時之鐘再繼續往前走，一棟古老的民家映入眼中，門口竟然掛著「山崎美術館」的木牌，這棟古早味十足的木製房舍是個美術館嗎？不妨入內一觀吧！山崎美術館收藏了數幅橋本雅邦的日本畫，橋本雅

龜屋附贈的夾心和菓子「龜最中」與綠茶。

山崎美術館外表老舊不顯眼，館藏卻很珍貴。

邦正是川越人，畫作以日本畫為基礎，卻又融入西洋畫的遠近法等技巧，將日本畫帶入新的境地。山崎美術館則是當初與橋本雅邦交好的和菓子店家「龜屋」的舊工廠，老房子與新世紀的日本畫十分對味，都帶著一種懷舊的風雅，看完畫展，美術館會奉上綠茶及龜屋的點心，讓旅客歇歇腳，慢慢回味。

除了川崎美術館，川越市立博物館和川越市立美術館也值得一看，尤其是博物館，詳細展出了川越從原始時代到近現代的漫長歷史，看完對這個地方會有更多的理解和喜愛，

（圖左）水琴窟是日本庭園的裝飾之一，水滴落在缽下的空洞中發出迴響，猶如樂聲。
（圖右）川越市立博物館展出繩文時代的土偶遺跡。

喜多院擁有最豐富的文化財，在川越排名等一聖寺。

回到街上漫步，也會有更深刻的體悟，增加無數樂趣。

美術館內則收藏了包括橋本雅邦等人的日本畫，可以在常設展看到，館方也經常邀請雕刻家等專家來舉辦特展或活動，相當有趣。由於是公立設施，兩館的門票都很便宜，就算是順帶一遊也絕對值回票價，是我的川越首選景點。

當然，也不要忘記進行神社佛寺聖地巡禮：仙波東照宮位列日本三大東照宮之一；祭祀平安時代僧侶慈惠大師的喜多院，除了有許多被列為重要文化財的建築物，還收藏大量的貴重美術品，比如，五百羅漢像遠近馳名，姿勢表情各異，栩栩如生；保佑姻緣的川越冰川神社風格可愛，會在夏天時掛上一架風鈴，最受女孩們喜愛；熊野神社有超好玩的開運套圈圈；川越八幡宮在初夏時分紫陽花盛開，美不勝收……，只排一天簡直看都看不完。

黃昏來臨，遊客逐漸散去，店家也接連關門，但別急著離開，夜幕低垂之後，再在川越的街道上走走吧！從木造窗櫺透出的隱隱燈火、俯視著石板道的無人鐘樓，熙熙攘攘的腳步聲停下來後，華燈初上的川越另有一番古都風情，數百年前的江戶也如此安靜嗎？再散一會兒步吧！沉浸在歷史的夜色裡，等待街燈也慢慢睡著，踏著星光，與深宵一同離去。

仙波東照宮名列日本三大東照宮，乃是黑衣宰相天海所創建。

Info

小江戶川越觀光協會
中文官方網站

川越市立博物館

山崎美術館
官方網站

川越市立美術館

勝浦朝市

天才濛濛亮，清晨的風中帶著濕潤的水氣，越過熙熙攘攘的街道，千葉縣，勝浦比別的地方都更早起。還帶著露水的山菜、新鮮的漁獲，遊客們站在攤販前猶豫不決，店主則揚起笑容招呼。交談的嗡嗡聲伴著海風呼嘯、海鷗鳴叫，編織成朝市的交響曲，拉開一天的序幕。

千葉近海，自古靠捕魚維生，勝浦朝市有超過四百年的歷史，與岐阜縣的高山朝市、石川縣的輪島朝市並稱日本三

這處特產漬物店家的產品種類繁多，而且美味。

大朝市。朝市其實意指早上的傳統市場，黃昏市場則稱為「夕市」，我在臺灣時就很喜歡逛傳統市場，聽到三大朝市之一就在這麼近的地方，肯定要立刻過來逛逛。

從JR外房線「勝浦」車站徒步十分鐘，走進朝市，首先映入眼中的就是乾淨整齊的石板路，這裡衛生良好，讓人吃得放心。

吃過早餐再來就浪費了，餓著肚子前往才是正解。建議尋找有烤魚定食或海鮮蓋飯的店家大飽口福，沒有一絲腥氣的海產味甜甘美，真可謂早餐吃得像皇帝；最好在各個攤位

在特產攤子上，現吃烤蛤蜊等好料最享受。

使用在地房總雞雞蛋製作的布丁，可口到令人忘我。

上蒐羅小吃，現烤的蛤蜊、章魚、魚肉，鮮美多汁，剛採收的玉米熱騰騰地抹上濃郁的蘸醬，美饌珍饈，不外如是。

吃完了鹹食，當然也要吃甜食，柔軟香甜的蕨餅，還有使用了在地雞蛋，只用蛋黃製作的Q彈布丁都很美味。

在朝市中漫步消食，能夠感覺到千葉居民以他們的農產品、海產品為傲，攤販老闆們大方邀請顧客試吃，也會與顧客聊天，推薦自家的商品，這種人與人之間的溫暖交流，在超市裡是難以見到的，超市雖然方便，但少了那麼一絲人間的煙火氣，難免顯得有些冰

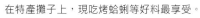

冷。

帶點伴手禮走吧！不如買點魚乾或醬菜回旅館，當作今晚宵夜的下酒菜？該買當地的傳統工藝品？還是新鮮又便宜的蔬菜水果，等等去海灘上邊散步邊啃呢？選擇太多了，我在攤販中間左右為難，面對店主們樂呵呵的招呼，恨不得直接搬到勝浦居住，都說勝浦是千葉的廚房，那唯有住在廚房裡，才能滿足我胃裡嗷嗷叫的饕餮啊！

朝市附近觀光景點繁多，步行不到五分鐘就有展示女兒節雛偶的遠見岬神社、安靜肅穆的本行寺，再多走一會兒，就能到海濱，或者到勝浦城跡和八幡岬公園，瞭望大海，風光明媚；又或坐電車到僅離一站的「鵜原」車站，再步行十分鐘就到有名的「鵜原理想鄉」，此地的海岸長年受太平洋侵蝕，斷崖絕壁，景色壯闊，被山與海包圍的複雜自然風光，讓大詩人與謝野晶子等許多文人墨客流連忘返，晴天時水天一色，一望無際，不愧「理想鄉」之名。

這樣走一走，肚子又開始咕嚕咕嚕，為什麼朝市只有早上營業呢？要是整天開放，我怕是可以吃二十四小時呢！

拿起手機搜尋午餐的目標，勝浦這樣的海港，名店比比皆是，我雙眼放光，迫不及待地衝向車站。

靠山吃山，靠海吃海，有山有海的勝浦占盡天時地利，難怪會發展出豐富的朝市文化。面對山珍海味，我摩拳擦掌，儘管放馬過來，我已經做好準備，要大飽口福了！

Info

勝浦觀光網站

千葉縣朝市、夕市一覽表

栃木縣

日光江戶村與鬼怒川

如果前往日光地區旅行，鬼怒川是非常值得排入行程的地方，尤其日光江戶村及鬼怒川泛舟是必玩的景點，要是能到遍布奇岩怪石的壯麗峽谷「龍王峽」散散步就更好。

早晨，先前往乘船處，開啟刺激的一天。鬼怒川的名字由來有許多說法，主流認為，栃木、群馬一帶古名「毛野國」，所以這條河原本叫做「毛野（KENO）川」，經過音調變化才成為「鬼怒

望向鬼怒川吊橋，天氣好時，一派風平浪靜。

（KINU）川」，和鬼神發怒並沒有什麼關係。但以前使用的漢字是相同發音（KINU）的「衣川」或者「絹川」，明治時期才開始使用「鬼怒川」這個寫法，沿用至今。為什麼把「衣」改成「鬼怒」呢？肯定還是因為這條河峻急湍怒，如同惡鬼生氣吧！

水勢迅急的河川最適合泛舟了！乘船處離「鬼怒川溫泉」車站大約徒步五分鐘，一艘艘細長的木船排在平穩的水面上，岸邊樹葉濃綠，映在水中色澤碧藍，看這安瀾寧靜的景致，好像也沒有一星半點怒氣呀？

船夫搖起船槳，小舟出發了。離開停泊處，水流變得激越，船隻被河水抬起又落下，揚起了漫天的水花，大家發出了驚呼，慌忙用塑膠布遮擋，靠在船壁上笑得東倒西歪，這才有了點「鬼怒」的樣子。

水流嘩啦啦地響，沿岸傳來翠鳥清越的鳴叫聲，河岸上站著釣香魚的釣客，遠處吊橋上的遊人向我們招手。船夫介紹著鬼怒川的自然與地理，鬼怒川上游是火山，流經深谷，岸上有許多奇形怪狀的巨石，像一張盾牌的盾岩、猶如石塊整齊堆疊的積木岩，還有最有名的猩猩岩，我們順著方向張

大自然雕琢成形的猩猩岩，引發驚嘆聲。

望，找到目標時便驚喜指點、熱烈討論，有的長得一如名稱，有的根本不像，但無論如何，大自然的鬼斧神工真是令人驚嘆。

意猶未盡地下了船，眾人湧向附近的「大瀞」巴士亭，可以在此處乘坐免費接駁巴士回到車站，但我們打算步行到日光江戶村，於是便在攤販處悠閒選購早午餐。鬼怒川河水清澈，可別錯過肥美的烤香魚，再加上清脆爽口的小黃瓜蘸上味噌醬，飯後甜點來一道由日光天然冰製作的日式刨冰，真是完美夏季的風物詩。

當場烤香魚，逗引人食慾。在地特產黃瓜清脆，蘸味噌吃十分爽口。

大瀞巴士亭還有一個特點，就是這裡鄰近鐵軌，在特定時間可看到蒸氣機關車「大樹」通過。大正、昭和時代東武鐵道的蒸汽機關車奔馳在鐵路上，被附近居民暱稱為「啵啵汽車」（「啵啵」形容蒸氣噴出的聲音），之後由於東武矢板線遭到廢線，以及電氣列車逐漸普及，最終蒸汽機關車全數除役。近年東武鐵道為了地區活化，讓停駛了半個世紀的蒸汽機關車重出江湖，吸引了大批的鐵道迷與觀光客。

與安靜現代化的電車不同，蒸汽機關車發出呼嘯聲，聲勢浩大地奔馳在田野上，復

大樹系列的蒸汽機關車好似冒著怒氣濃煙般地駛來。

古懷舊的造型，有種「大正浪漫」的情懷，帶著我們彷彿又回到了那個樸素的年代，人心不那麼浮躁，有時間慢悠悠地眺望遠山與大江。

要說復古，可不能忘記日光江戶村。日光江戶村是以江戶、亦即舊時代東京為題材的主題樂園，廣大的腹地內充斥著上個時代的日式街道，忍者、花魁和武士在城鎮中漫步，非常符合我們對舊日本的想像，遊客也不妨租借服裝，化身為村民、新撰組武士甚至是公主，融入這個特殊的世界觀裡。

除了觀賞造景之外，也有許多仿造的宿場、番屋等可供參觀，瞭解當時的各種職業與當地居民的生活，更有不少體驗活動，例如進行武士等職業的修行，學習手裏劍和弓術，或在忍者迷宮裡尋找正確的路。

對忍者滿懷憧憬的我，在忍者屋中跑了一圈之後，滿頭大汗、氣若游絲，決定放棄這個夢想，當忍者實在太累了啊……！

找個地方休息吧！建議到劇場中看舞蹈、戲劇，記得對照時間表，別錯過一天只有一次的「花魁道中」（花魁遊街），美貌的藝妓們簇擁著妝髮最華麗的花魁，在眾人的歡

遊客租借服裝走上街，彷若回到江戶時代。

呼和目光之中，步履優雅，緩緩地迤邐過整個城鎮，這可是江戶繁華的極致呢！

還有江戶鬼屋「地獄寺」，雖然是恐怖的鬼屋，但卻能理解到古人對天堂地獄、生死等等的看法，意外地有趣。

不知不覺，江戶的一天就結束了，離開江戶村，回到現代的車水馬龍之中，有種穿梭了時光的悵然若失。

要不還是找個師傅拜師學藝，成為忍者吧？雖然剛剛累到癱倒在地上，但體力是能夠練的嘛！忍者還是個很棒的職業啊！總之先泡個溫泉緩解一下疲勞，再吃一頓大餐……不吃好睡飽，怎麼有力氣當忍者呢？

懷抱希望的我在街道上蹦蹦跳跳，躊躇滿志地邁向了車站。

Info

如果乘坐東武鐵道，推薦購買東武的鬼怒川周遊券「まるごと鬼怒川東武フリーパス」，能自由乘坐前往鬼怒川、日光江戶村、川治溫泉等地的電車及巴士。

如果要加上日光地區，可以購買「まるごと日光・鬼怒川東武フリーパス」，鬼怒川地區之外，能自由乘坐前往二社一寺、明智平、中禪寺溫泉、戰場之原、光德溫泉、湯元溫泉等地的巴士。

仙台市

如果問我願不願意為了吃烤牛舌再去一次仙台，我非常樂意，烤牛舌就是有這麼好吃！

仙台市是宮崎縣的縣廳所在地，也是東北地區最大的都市，交通發達，前往「奧州三名湯」之一的「秋保溫泉」、「日本三景」之一的「松島」，或東北其他都市如山形市（見散策篇）都很方便。

仙台原名「千代」，由於此地原本有「千體佛」存在，而「千體」（SENTAI）

厚切的烤牛舌入口即化。

音近「千代」（SENDAI），便以希望此城千代繁榮為由，取名千代。之後出生於此的著名戰國武將伊達政宗，比喻此地為崑崙仙山，取唐代詩人的「仙臺初見五城樓」詩句，把千代改成了同音的「仙台」（SENDAI），沿用至今。

伊達政宗居住仙台，是第一任的藩主，他建設了仙台城，也發展城下町，使仙台大為繁榮，是仙台最具代表性的人物。至今仙台市博物館仍保存著當時他所用的盔甲，儘可前往一觀。

可惜的是，別稱「青葉城」的仙台城已經全部燒失，

仙台的夜景炫麗出奇。

伊達正宗為仙台開啟黑暗戰國之後的黎明，雕像受到瞻仰。

只剩下山頂上的遺跡以及伊達政宗的雕像，騎在馬上的政宗頭戴新月頭盔，腰配武士刀，威風凜凜，即使是夜晚也會打上燈光，供遊客瞻仰，城跡因為地勢高，夜景十分好看，夕暮霞光，華燈初上，整片的人間燈火昭示著仙台的繁榮，不禁令人想起伊達政宗辭世前所

作的和歌。

一生處於戰亂之中，比誰都期望著太平盛世到來的伊達政宗，最後留下的句子也是希望自己的心如無雲之夜的月亮，能照亮塵世的黑暗。戰國時代結束後，得他照拂的仙台成為東北第一大城，他是否會滿意眼前的風景呢？逝去的歷史令人唏噓不已。

散步下山，肚子餓得咕咕叫，該是滿足俗世慾望的時候了！仙台擁有高級和牛「仙台牛」，可以奢侈享用稀少的牛舌，仙台的烤牛舌大方厚切，但肉質柔軟鮮嫩，烤好的牛舌香氣四溢，入口即化，令人感動得流淚。我在東京也吃過烤牛舌，但來了一趟仙台，竟不知道以前吃的那是牛舌還是橡膠，吃過這麼美味的牛舌，往

毛豆泥加入牛奶的冰淇淋，百吃不膩。

如同大補帖的鮭魚親子丼，滿足感達到最高點。

昔的苦日子是回不去了啊！

如果不吃牛肉，也可享用宮崎縣的傳統料理「腹子飯」（はらこ飯），用醬油湯頭熬煮鮭魚，再用這份湯頭煮飯，之後在這鮮味滿滿的褐色米飯上鋪上鮭魚及鮭魚卵，是能讓鮭魚愛好者見之瘋狂的極品料理。

吃完正餐，當然要有一份甜點才能完美收尾，東北地區最有名的就是毛豆泥（ずんだ）做成的各種甜點，伴手禮區也是一片翠綠色，如果胃裡還有空間，推薦毛豆泥冰淇淋現吃，甜而不膩的毛豆泥、加入了牛奶而口感不同的毛豆冰淇淋，再配上Q軟的白玉糰子，打上一個滿足的句點。

仙台春有山菜、鮪魚；夏有柴魚、海膽、少見的海鞘；秋有芋煮、秋鮭；冬有鮑魚、牛舌涮涮鍋等等，要哪個季節去呢？簡直令人愁白了頭。

兩天胖了三公斤的我，憂鬱地提著大量伴手禮離開了仙台，還要回東京去吃烤橡膠嗎？以後再在東京看到所謂的仙台烤牛舌餐廳，我恐怕都沒有勇氣踏進去了吧！

Info

仙台市官方網站提供的仙台城跡地圖

秋保溫泉旅館組合官方網站

山形縣

山形市

山形市是日本東北山形縣的行政中心，從東京坐新幹線前往約要兩個半小時。山形縣擁有藏王溫泉（詳見溫泉篇）、銀山溫泉兩個著名的溫泉街，以及藏王山脈（詳見登山篇）、最上川等豐富的自然環境，還有大詩人松尾芭蕉留下的許多足跡，非常值得一遊，其中山形市作為各個景點的中轉站，也有不少觀光地。

若是秋季前往，距離山形車站步行二十分鐘的楓葉公園（もみじ公園）是很值得一遊的景點，這裡原本是真言宗

心字池的紅綠楓葉迎人醉。

寶幢寺的庭園，但寶幢寺在明治初期廢寺，只留下楓葉公園和園內的清風書院，被列為有形文化財。庭園以呈現「心」字形狀的心字池為中心，池畔種滿楓樹，紅、橘、黃、綠的楓葉色彩交疊，伸向藍天，也倒映在湖中，庭園幽靜典雅，秋意繽紛妍麗，最適合慵懶散步。

到了午餐時間，山形是蕎麥的大產區，必吃的當然是蕎麥麵囉！從山形車站步行十分鐘左右，就能到達擁有一百五十年歷史的手打蕎麥麵老店「庄司屋」，臺灣人常常吃不慣冷蕎麥麵，但一定要試試這裡的冷麵，庄司屋提供兩種麵，一種是山形常見的蕎麥，顏色較黑，口感偏硬，勁道十足，帶著強烈的蕎麥香氣；一種是更級蕎麥（さらしな），顏色白皙，柔軟順口，非常建議兩種麵都點來比較一番。麵上桌的時候，先別急著沾醬，直接吃一口沒有調味的麵條，感受特別的蕎麥風味，接著配上醬汁享用，最後店家會提供蕎麥湯，這可是最有營養的部分，把濃白的湯水倒入醬汁內，體會蕎麥和柴魚的芬芳，這道熱湯下肚之後，胃裡都舒坦了，即使是不習慣冷食的臺灣人也會感到滿足。

吃了兩種不同的蕎麥麵，肚子圓滾滾，不如到山形城散步吧！山形城別稱「霞城」，

深色的蕎麥麵有嚼勁，飄揚穀物香氣。

淺白色的蕎麥麵質地細緻。

被列為日本百名城、日本歷史公園百選之一，雖然沒有華麗的天守閣，但卻留下了廣闊的本丸（日本城堡的中心根據地）、二之丸（霞城公園）遺跡，更外圍的三之丸就是山形市的老街，已與山形市民的生活融合。

山形城在十四世紀由南北朝的武將斯波兼賴築城，移住到山形的斯波一族逐漸在地化，最後以流淌在山形的最上川為名，改姓「最上」，代代以山形城為根據地。兩百年後的戰國時代，最上家的第十一代家主最上義光在著名戰役「關之原之戰」中死守山形城，大敗攻勢猛烈的上杉軍，聲望到達顛峰，身為山形城城下町的山形市也因此繁榮起來，至今山形城中仍有他的銅像，策馬奔赴戰場的模樣英姿颯爽、栩栩如生。

最上義光公勇戰之像，英雄英姿永駐人民心中。

據傳關之原之戰中，準備攻城的直江兼續在富神山上眺望山形城，然而連續十天，城墎都隱藏在雲霧之中，於是得名「霞城」。黃昏時分，霞光漫天，清晰無霧，能一直望到遠山，能看見如此美景，是因為我並非敵軍嗎？

我心情大好，決定在晚餐前吃些點心慶祝，要吃什麼呢？當然是「咚咚燒」了！咚咚燒（どんどん焼き）是山形有名的在地小吃，類似文字燒、御好燒等鐵板小麥粉料理，用筷子捲成棒狀，香噴噴、熱騰騰，讓人恨不得自己有四個胃。最早這種小吃是在移動的路邊攤（屋台）販賣，為了吸引顧客，攤主大聲敲響太鼓，太鼓的「咚咚」聲便成為這道小吃的名字，這類取名邏輯類似古早味冰淇淋被叫做「把噗」。

吃完了咚咚燒，我的胃說：「飽了。」但我的食慾說：「還能吃一點！」於是我決定前往居酒屋。

咚咚燒取名傳神，又熱又香。

山形好吃的東西實在太多了，例如著名的鄉土料理「芋煮」，是將小型的芋頭「里芋」與牛肉、蒟蒻、長蔥等一起燉煮的火鍋料理，芋頭煮到醬油入味，鬆鬆軟軟，好吃得停不下來！當然還有知名和牛之一「米澤牛」也位於山形，雖然要價昂貴，但在居酒屋點一小盤嘗嘗鮮是非常值得的，瘦肉與油花完美分布，入嘴即化，差點把舌頭也一起吞了下去。當然不要忘記山形是米產地，日本酒最是好喝，要是居

（圖右）醬油調味的芋煮，鬆軟可口。

（圖左）十四代「大吟釀」物以稀為貴，出了山形要價貴五到十倍。

酒屋有賣名酒「十四代」，千萬要點來喝喝看，大吟釀入口溫潤泛著米甜，沒有了酒精的嗆辣，教人忍不住卸下心防，一下子就喝到微醺。

醉醺醺的我回到了車站，想到明天就得離開這座美好的城市，差點在這人聲鼎沸之處放聲大哭。買點伴手禮以慰相思吧！山形盛產西洋梨和櫻桃，有幸碰上產季不妨買一些，用山形米「つや姫」製作的米煎餅，還有健康好喝的蕎麥茶也是肯定要的。

第二天，帶上許多伴手禮，離開這座城市的我仍然感到了一陣寂寞。

楓葉公園的楓葉還紅著嗎？霞城是否籠罩在雲霧之中？如果想得到答案，唯有哪天再回到山形了。

Info

山形市和臺南市是姊妹都市，又位於311地震中受損嚴重的東北，可能因為如此，對臺灣態度親近，旅遊起來十分舒心。

由山形市觀光協會提供的紅葉情報網站，可以確認山形各地的紅葉狀況，作為旅遊規劃參考。

紅葉情報網站

咚咚燒名店「おやつ屋さん」

東京都 千代田區

秋葉原

有個奇裝異服、頭上戴著一圈燈泡的人與我擦肩而過，我情不自禁地瞥了一眼，努力抑制住細細鑑賞的衝動。喧囂的街道上摩肩擦踵，形形色色的人都有，普通的上班族、穿著可愛短裙發傳單的女僕、肯定是為了購物而揹著大背包的遊客，還有像我這樣一臉驚奇、明顯是來「朝聖」的觀光客，但在這裡，無論你有什麼目的、穿什麼衣服，都不會有人投以側目，這裡是世界上包容力最強的城市——秋葉原。

貼著動漫圖案的電器街建築物，反映當季流行趨勢。

對於日本的御宅聖地，大家常常劃分為男性向的秋葉原與女性向的池袋，這種分類雖然很容易理解，但是太過粗暴，容易讓相反性別的人望而卻步。我覺得池袋的優點是集中、專精，而秋葉原的優點是廣博，動畫、漫畫、遊戲、模型、周邊商品、扭蛋、COSPLAY 裝備、小說、同人本……，反正想買啥都有。

由於在二次元的世界裡名氣太盛，秋葉原很常被忘記是以電器街起家的，事實上，目前秋葉原仍是東京最大的電器街。對御宅族沒有特別概念，但對秋葉原懷有興趣嗎？推薦先逛電器街，這裡匯聚了日本最先端的電器產業，逛起來十分有趣，免稅、退稅機制也很健全，看完琳瑯滿目的電器產品，再在秋葉街上慢慢散步，就能體會到秋葉原獨特的文化氛圍。

黏土人展覽很吸引粉絲關注的眼神。

如果能碰上展覽就更好了，秋葉原常常會有動漫產業相關的展覽，其中許多是免費的，要是好奇這個世界的人都在做什麼，趁此一觀是很好的方式。例如我沒在收藏模型，但會在秋葉原看模型展，滿屋子的模型一次排開，既壯觀又漂亮，巴掌大的模型臉孔精緻、服裝精細，動作也充滿躍動感，栩栩如生，我一直很納悶蒐集模型的友人們為何如此著迷，看完展覽之後終於改觀，能夠理解模型蒐藏家的想法。

除了逛街之外，我最常為

動漫咖啡廳的布置，通常也有很多跟作品相關的展示，例如原畫或者播放關影片等等。

了動漫咖啡廳去秋葉原，動漫咖啡廳是指咖啡廳與當季動漫遊戲等作品合作，聯名推出以作品為概念設計的飲食，由於多半要求預約甚至抽籤，顧客當然也都是這部作品的粉絲，即使彼此並不認識，但大家聚集在同一處空間裡，為了同一件事熱烈討論，歡笑或哭泣，讓人非常有歸屬感。

至於餐點好不好吃，就非常靠運氣了，有些餐廳努力鑽研，也有些餐廳敷衍了事，行前不妨花費時間搜索一下評價，但比起美味程度，多數來訪者期待的是設計感，餐點外貌、味道，甚而眼尖地挑剔餐廳挑選的食材與角色形象是否符合？有沒有重現出某些令人印象深刻的場景，讓大家能一眼就回憶起那些感動的段落？至於好吃與否，評價會寬容一些。

動漫咖啡廳的餐飲訴求能串聯對角色的想像。

我印象最深的一次動漫咖啡廳之旅，是在成行的前一天，我的本命角色領便當退場了，大受打擊的我十分消沉，但預約好的行程不能更改，仍然跟友人集合前往咖啡廳，一路上我就像行屍走肉一般拖著沉重的腳步，情緒也超級低落，本來以為這次行程一定會很黯淡，但在食物上桌後，與友人一起討論劇情、痛罵編劇的我慢慢恢復精神，終於得到治癒，有說有笑起來。

因為是身在何方都能從事的興趣，喜歡動漫的人常常被貼上「宅在家」、「沒朋友」的標籤，然而人是群體動物，與別人產生共鳴、分享想法、互相慰藉，對我們這些動漫宅也同樣重要。

這也許是我最喜歡秋葉原的原因之一，二次元文化被稱為「次文化」，即使是在發展鼎盛的日本，也被排除在主流文化之外，我見過許多日本人遮遮掩掩不敢暴露自己動漫宅的身分，害怕被歧視或排擠，但在秋葉原，沒有人會對你投以詫異或包含敵意的目光，無論你穿得有多怪，和服、旗袍、被嘲笑為「宅男穿搭」的格子襯衫，抑或是全套的 COSPLAY 裝備，揹著掛滿角色徽章的背包，還是戴著高高的巫師帽，秋葉原都會平靜地接待你。

所以我喜歡去秋葉原，在秋葉原我可以暫時放鬆，不需要尋求普世價值的認同，獲得喘息的空間。

秋葉原會包容所有人，活在平面螢幕中的二次元世界、夢想之國般的女僕咖啡廳、三次元例如 AKB 偶像，還有下班之後偶然路過只想買個燈泡的大叔，秋葉原會接納一切，在這裡不必偽裝成另外一個人，你就只是你自己。

東京都 豐島區

池袋

相較於偏男性向的秋葉原，池袋以蒐羅女性向店家、商品聞名，全力打造了整條動漫街「乙女路」（乙女ロード），乙女就是少女的意思，沉浸在二次元的世界裡，女孩子們永遠不會老去，心態年輕活潑，如同少女一般，這條路的命名著實優秀。

咖啡廳蛋糕盤上用巧克力醬畫出動漫角色，氛圍到位。

安利美特池袋本店，高九層樓，商品齊全。

當然，也由於這個名稱讓大部分男生敬而遠之，乙女路上常常真的只有女性。不過基於這樣的性別偏差，男性向的物品特別是二手的周邊商品，在這裡有較為低價的傾向，所以我會偷偷推薦男性友人來池袋尋寶，只要他們能忍受被女孩子們包圍的尷尬。

乙女路上主要匯聚了販售動漫周邊商品及同人誌的店家，也有COSPLAY裝備、服飾店等等，對面就是複合式購物中心「太陽城」，周遭還有東京最大的周邊販售店「安利美特」的池袋本店，以及擁有大量動漫商品夾娃娃機的遊戲中心「SEGA」，可以說是逛都逛不完。

池袋還有一項知名的產業，相對於秋葉原的女僕咖啡廳，這裡當然要有執事咖啡廳囉！執事其實就是管家，但有別於「管家」這個稱呼，執事在日本動漫風行的影響下，被定義為俊美、優雅、對主人無微不至等等，女孩子們在這裡享受貴族千金的待遇，豪華的英式裝潢之中，有執事幫忙拎包包、佈餐、泡茶，心花朵朵開。

許多第一次去執事或女僕咖啡廳的人，由於尷尬，並不能享受這種「二點五次元」的夢幻氣氛，我覺得比起秋葉

女僕咖啡廳花費一般卻能享受被寵溺的待遇。

原，池袋的女僕咖啡廳比較沒有那麼誇張，如果擔心自己無法融入，可以挑池袋試水。

特別是池袋還有「古典式」的女僕咖啡廳，比起穿著短裙、俏麗可愛的動漫形象女僕，古典型態的女僕咖啡廳追求仿造真正的英式下午茶，女僕穿著保守溫婉的長裙，行走之間儀態端莊。紅茶是精品茶葉，茶器也是特別訂製的，泡茶技術經過專業訓練，不比紅茶專門店差。顧客們穿得典雅，低頭輕輕翻動手上的書頁，店內氣氛寧靜，像是大小姐們的文學聚會，沒有絲毫喧囂，讓人容易放鬆下來。

這樣的女僕也有調皮的一面，我與友人前往用餐時，可能是因為在桌上翻看戰利品被看見，儘管沒有要求，上桌的蛋糕盤上卻用巧克力醬畫著友人最喜愛的角色，讓他驚喜得失聲尖叫，差點就當場感動得掉眼淚，這種主動而貼心的服務精神，才是最物超所值的。

近代女性的消費能力大增，於是造就了乙女路的出現，有別於壓抑乏味的現實世界，動漫提供了一個浪漫有趣的奇幻國度，相關產業應運而生可以想見，即使對動漫沒有興趣，也不妨來乙女路上走一走，感受一下少女們幻想的集大成之作，放飛自我、盡情休養之後，彷彿鬆了一口氣，又能回到現實的殘酷戰場之中奮鬥。

豐島區提供的乙女觀光地圖

靜岡縣　掛川市

掛川花鳥園

我因為熱愛自然，便也喜歡大部分的動物，最喜愛的鳥類第一名是麻雀，第二名貓頭鷹，但在所有動物之中並不偏愛鳥類。

貓頭鷹不容易見到，不過待在自家門口就可以滿足看麻雀的需求，所以當友人興沖沖地說：「我們去掛川花鳥園玩吧！」我的第一反應是：「動物就是要在山裡看，我才不要去動物園。」

友人苦苦說服我說這個花鳥園的環境很好，並且用「會讓貓頭鷹停在手上」釣我上鉤，我才勉為其難答應同行，但心裡並不是很期待這次旅程。這時候的我並不知道，入園五分鐘之後我就會拜倒在鳥兒們的嬌小身軀和柔軟羽毛之下，成為這群吱吱喳喳小精靈的俘虜。

掛川花鳥園的鎮園之寶鯨頭鸛，是必看重點。

從JR東海道本線「掛川」車站步行十分鐘，買票進場後首先見到的就是企鵝池與水鳥池，花鳥園按照時間排有「表

漢堡特企鵝相當可愛。

演」（バードショー）及「活動」（イベント），表演均可免費觀賞，但活動及餵鳥的飼料需要另外購買，本來我心想：「誰會花自己的錢養別人家的鳥啊？」但望向企鵝池的瞬間，我感覺一道雷劈在了我的頭上。

企鵝池正在進行餵企鵝的活動，嬌憨的企鵝們搖搖擺擺地排成一列，揮動小小的翅膀抬頭追逐遊客手上的魚，如果舉得太高，牠們便焦躁地用小腳掌在地上啪躂啪躂地踩。

這究竟是什麼可愛的生物……！

朋友看到我的表情，壞笑著湊了過來：「要買魚嗎？」

「要。」我聽見我自己說：「我要買！」

太奸詐了！花鳥園太奸詐了！痛心疾首的我不敵鳥兒們的美色，開啟了「撒錢養鳥」模式，來都來了，所有的活動我都要參加，所有的飼料我都要買！

花鳥園內部非常地大，有貓頭鷹區、鸚鵡區、鴯鶓區等等，我最渴望的當然是貓頭鷹區了，日文將一般的貓頭鷹稱為「フクロウ」（鴞），頭上有角羽的則稱為「ミミズク」（耳付），意思是「有耳朵」，人家那個羽毛明明不是耳朵，但這個稱呼太有魅力，深得我心。

到了貓頭鷹的活動時間，我當然立刻去排隊，貓頭鷹有兩種活動，一種是讓貓頭鷹站在手上拍照，對象既有圓滾滾的「鴞」，也有帥氣的「耳

▸圓滾滾的斑林鴞，惹人愛憐。

▾鵰鴞這帥氣的「耳付」，讓人想摸摸牠的羽毛。

栗鴞停在遊客手上，是奇妙的體驗。

付」，我看著兩種不同氣質的貓頭鷹，就像是面對後宮三千佳麗的皇帝，抱頭苦思，簡直是不知從何選起！

當貓頭鷹站到我手上時，我的心都融化了，牠好輕啊！飼育員說可摸無妨，我便伸手摸了一下，羽毛好蓬鬆，帶著一股鳥類特有的香氣，牠抬首去看飼育員，飼育員便輕輕推了一下牠的臉，讓牠看向相機，牠瞇起眼睛，有些直愣愣的，我知道貓頭鷹是超級猛禽，但這個乖巧的表情也太呆萌了，為什麼猛禽會長得這麼可愛呢？我真是想不明白。

踩著醉醺醺的步伐離開貓頭鷹，朋友嫌棄地道：「你的笑容好變態呀！」

我亮出相機裡的照片，「那你看看你自己的表情吧！」

有貓頭鷹停在手上，誰都會是一臉要融化的傻笑啊！

還有另外一個活動是在手上放一塊肉，貓頭鷹會從遠處飛過來吃掉，可以讓遊客短暫體驗馴鳥師的角色，貓頭鷹振翅而起，俯衝的模樣迅敏威攝，充分展現出屬於猛禽的一面。

表演也都非常好看，例如飼育員會拿一條假蛇，引導蛇鷲做出攻擊動作，可惜蛇鷲負責這個表演好多年了，早就看破飼育員的手腳，知道蛇是假的，一臉睥睨模樣「你當我是傻子嗎？」，要飼育員低聲下氣地懇求好久，才勉為其難地踹假蛇兩腳。

鸚鵡區也非常有趣，親近人的鸚鵡們會停在遊客肩上吃東西，而如果花大錢購買鸚鵡最愛的葵花子，便會立刻遭到眾鳥包圍，享受萬人迷的待遇。我的鸚鵡控友人興奮地介紹著各種鸚鵡，並示範讓鸚鵡停在手指上的小訣竅，過了一會兒，這個到處騷擾鸚鵡的痴漢手上貼著OK繃回來了。

「你為什麼帶OK繃？該不會是早就做好會被鸚鵡咬的心理準備了吧？」

「對啊！」

那我還能說什麼呢？活該嘛！

當然了，還有掛川花鳥園的鎮園之寶鯨頭鸛，鯨頭鸛看似冷酷，一臉的肅殺之氣，但當牠喜歡的飼育員靠近的時候，卻會不斷甩頭撒嬌，飼育員以同樣的動作回應，便開心地繼續甩頭，反差萌讓人不由得失笑。

整整一天，與鳥兒們親密接觸，時間根本就不夠用，掛川花鳥園還販售年票，之前我頗感疑惑，現在終於明白了，要是我住在附近，我也會天天來看啊！

好像才剛入園，營業時間就要結束了，我們急匆匆地逛了一下伴手禮區，我驚喜地發現了一個做得非常真實的麻雀布偶，其他地方都沒見過麻雀作品，真不愧是花鳥園。

回家之後，我看了兩天花鳥園的招聘訊息，才逐漸從鳥兒的魔力漩渦中掙脫出來，沒有半路出家去當飼育員。

但我肯定會再去花鳥園的，臨風顧盼的老鷹、優美高雅的天鵝、羽毛妍麗的鴛鴦，還有貓頭鷹，區區數語怎麼能夠形容牠們千萬分之一的美好？唯有親自去一趟，才能體會到被鳥兒包圍的幸福。

然後，你就會像我一樣，看著自己托著貓頭鷹的照片傻笑，而照片裡的自己，也正在看著貓頭鷹傻笑。

Info

掛川花鳥園
官方網站

靜岡縣還有另外一個「富士花鳥園」，也可以搭配參觀。

東京都

奧多摩古道

東京的郊區奧多摩有山有湖，資源豐富，於是有許多登山和健行路線，名山包括靠近山梨縣的雲取山、鷹巢山，靠近青梅的御岳山、大岳山、御前山等等，都是踏青的好去處，而健行路線最有名的就是曾被稱為「舊青梅街道」的奧多摩古道（奧多摩むかし道）了。

層峰交疊的健行線，其實好看也好走

山巒與湖上倒影相映成趣。

登山道行路難，留下廢棄鐵道見證冰川貨運歷史。

舊青梅街道原本是溝通冰川到小河內，運送木炭等物資所用，但因為是山路，明治年間開通了新的青梅街道，舊街道經過多次改修，也曾摩肩擦踵，盛極一時；也曾門庭冷落，近乎廢棄，但它最後被保留住，在昭和時代開放為一般道路，如今，揹著背包的健行客們悄然走過，欣賞自然景致的同時，遙想著當年的風光。

於JR青梅線「奧多摩」車站下車之後，在市區內步行大約十分鐘，路過奧冰川神社，便會到達古道的入口羽黑坂，上坡路段持續二十分鐘，其中有廢棄鐵道、古意的石板

瀑布轟然墜落，清涼感撲面而來。

道路，也有登山道，如果上坡累了就在路邊的長椅上休息一下，眺望遠山吧！古時從冰川運貨出發的人們，也對羽黑坂叫苦不迭呢！

越過巨大的槐樹之後，上坡路段結束，接下來會持續好一陣子的平緩道路，以觀賞天然風光為主，奧多摩水量豐沛，所以綠蔭濃厚，周圍群山環繞，腳下河道蜿蜒，真是有山有水的好地方。途中會經過「不動之上瀑布」，高約七公尺，夏天的時候轟然墜落十分壯觀。

由於是運輸往來之地，一路上也有非常多的神社、不動明王寺廟、地藏雕像等等，令人不由得想像在交通不便的年代，旅客們對於這趟路途的不安心情，以及在神佛面前虔誠祈禱的姿態。

再往前走會注意到兩座吊橋，吊橋上風光最好，正可清楚觀賞奧多摩的溪谷與巨岩之美，奧多摩多奇岩怪石，所以除了是爬山健行的好所在，也是室外攀岩的知名地區，常常會看到攀岩者揹著巨大的摺疊攀岩墊從車站出來。

站在吊橋上，奧多摩的溪谷與巨岩之美納入眼底。

從吊橋再往前走十分鐘，會碰到兩公尺的急上坡，這段登山道較難走，是全程唯一的難關，但走走停停賞賞景，一下就過去了。古時人們運用多摩川來運送木材，也將這附近的溪谷視為最大難關呢！

來到淺間神社，爬坡結束，歇息一會眺望遠山，從林木間即可望見巨大的湖泊，那正是目的地奧多摩湖。

越過青目立不動尊，開始下坡了，再走十五分鐘，就離開了山道，來到水根巴士站，這裡是小河內，古道的終點。

從水根巴士站步行幾分鐘就可以到達奧多摩湖，這裡是奧多摩的水庫，山巒與湖上倒影相映成趣，景色美不勝收，最適合散步野餐。

該是時候結束這趟古道之旅，搭上巴士從奧多摩湖回到奧多摩車站。不過身體的疲憊好像沒有完全平復，我想該是時候來洗個溫泉了！青梅一帶靠近山，有許多溫泉，離奧多摩車站最近的是「萌黃之湯」（もえぎの湯），沿著河川前進，眺望在河岸搭帳篷的野營者，不禁想著下次或可到這裡露營，森林環抱，河畔納涼，睡這裡肯定很舒服。

溫泉的露天湯池同樣被綠意圍繞，奧多摩是如此蒼翠，到處都漂浮著芬多精，深吸口氣，湯泉濕潤的熱氣也一起湧進胸腔，身體放鬆以後，一整天的疲勞全都蒸發。

也不知道百年前走過青梅古道的人們，會不會在辛勤一天後泡泡溫泉呢？

從溫泉出來，天色已經擦黑，河畔的帳篷內點起了露營燈，各色的帳篷，像是一盞一盞繽紛的燈籠，將夜裡的多摩川點綴得如夢似幻。

我揹起行囊，腳步輕快地走向車站。

奧多摩
健行路線

奧多摩
古道地圖

西東京巴士
官方網站

萌黃之湯
官方網站

東京都 世田谷區

等等力溪谷

陽光將樹林染成鮮綠，澄江如練，溪水上架著艷色的紅橋，潺潺的水聲，讓四周顯得益發靜謐，不禁屏氣凝神，懷疑這只是一個色彩柔亮的夢境，畢竟，在東京這紛亂雜沓的大都會裡，怎麼可能有等等力溪谷這樣的世外桃源呢？

若是要頒發一個「大隱隱於市」獎牌，那就頒給等等力溪谷公園吧！位於世田谷區的溪谷公園，是東京二十三區內唯一的溪谷，堪稱是這東京沙

舊日的高球場已不復見，獨留紅橋伴著公園。

溪流潺潺，安撫了從都會叢林來到的心情。

漠的綠洲。在東急大井町線的「等等力」（等々力）車站下車，從南口步行兩、三分鐘，就會看到入口標示，走下階梯，彷彿脫離了都會，進入全然不同的夢幻世界。

溪谷全長一公里，以東京人世界知名的飛快腳速，沒幾秒就可以穿過，但誰到了這裡都會自動放慢步調，生怕錯過一星半點的自然風光。

進入公園，馬上會注意到綠葉間紅色的鐵橋，這正是等等力溪谷的標誌「高爾夫橋」，這個名字是因為昭和初期有座高爾夫球場，這座橋便是通往球場的必經之路，然而如今球場已經不存，只有橋還伴隨著公園留了下來。

順著河川往前走，清溪低唱，鳥鳴啁啾，明明不遠處就是高速高路，車馬喧囂卻傳不進這裡，彷若森林一般安寧，真是不可思議。

再往前走，會迎來「三號橫穴」的標示，橫穴是古墳時代的墓葬，溪谷左岸總共挖出

來到考古現場，橫穴是重要史蹟。

了六座橫穴，均保存良好，是重要的史蹟。在觀看自然風光的同時，由於此地自古就有大量人類活動，便也同時能接觸人文考古遺跡，十分有趣。如果對此感興趣，溪谷附近也有「御岳山古墳」以及位於玉川野毛町公園的「野毛大塚古墳」，可一起參觀。

再往前走，便脫離森林，來到日本庭園。這裡原本是明治時期的書院，書院前的庭園是有名的造園家所設計，後來便直接保留下來成為日式庭園，園內石階小池、竹林果樹，既風雅，又留存一些生活氣息，書院上方有一片大草坪，晴天時陽光鋪滿每一個角落，最適合休息一下，曬曬日光浴。

離開庭園，過橋之後便

典型的日式庭園，適合散步與日光浴。

是寺院「等等力不動尊」，此地祭拜不動明王，不動明王的梵語意思是「不動搖的守護者」，在日本很受推崇，被親暱地稱呼為「お不動さん」，「お」和「さん」都是用於人的敬稱，並不用於神明，所以就像我們會稱呼土地神為「土地公公」「土地婆婆」一樣，這是一種親近的表現。

寺院寧靜莊嚴，旁邊的散步路種滿楓樹和銀杏，秋天的時候赭紅、燦黃交相輝映，景色迷人。

不動尊的附近有一座「不動瀑布」，「等等力」（TODOROKI）這個有趣的名字正是源自於不動瀑布，「とどろき」（TODOROKI）寫成「轟」，是形容瀑布氣勢磅礴、轟然落下的水聲，水量多的時候，偶爾會看見有僧侶在瀑布裡修行。

走到此處，便可望見通往世俗的出口，往前踏一步，回到現代化的馬路上，嘈雜的車水馬龍聲音貫耳而入，猶如從夢中驚醒般茫然四顧。

溪水、樹林、古墳、庭園、寺廟，剛剛的一切是真實的嗎？

回過頭，溪谷的入口沉默地張開雙臂，歡迎著下一個旅人進入桃花源。

Info

以普通散步速度，走完溪谷大約需要一個多小時。等等力車站周邊有很多餐廳店家，把此行當作飯前或飯後散步會很舒服。

等等力溪谷公園
世田谷區官方網站

公園內部
地圖

東京都 立川市／昭島市

昭和紀念公園

如果秋天想在東京都內找個地方散散步，或者想拍美美的照片，首推昭和紀念公園。

昭和紀念公園是一個非常廣闊的園區，有花園、日本庭園、池塘、紀念館等等，不只秋天好看，春天有櫻花和鬱金香，夏天有紫陽花，也會舉辦煙火大會，冬天則有梅花、聖誕玫瑰以及聖誕燈飾，一年四季都精采，但最有名的還是銀杏了！每到秋天，成排的銀杏轉為金黃，也將大地鋪上耀眼的鵝絨地毯，走在充滿秋意的晨光隧道中，不禁感慨這絕對就是最美的季節。

在公園銀杏樹下野餐，是絕美的體驗。

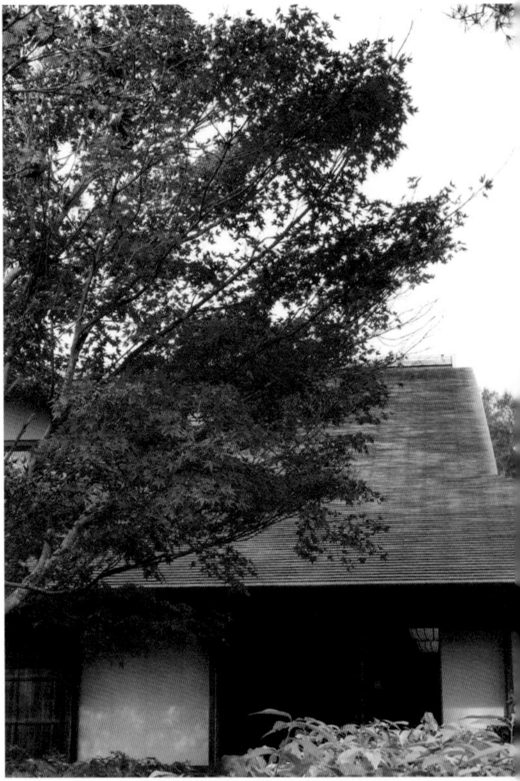

紅楓覆蓋著木屋，很富詩意。

昭和紀念公園位於東京，最近的車站是JR青梅線的「西立川」或者JR中央線的「立川」車站，徒步可到。立川是東京郊區「奧多摩」、「青梅」等地的入口，也可以結合許多踏青、健行甚至登山路線一起遊玩（見散策篇），不過紀念公園腹地廣大，在這裡就能夠消耗掉一整天，公園內有販賣食物，立川車站附近也有不少食物美味的餐廳，或者自備便當來野餐也很棒，要是剛好碰上夜間點燈或煙火等活動，大可從早待到晚。

園區內規劃完整，各區

在蘆葦叢中浪漫划船，很適合約會中的情侶。

租借腳踏車，就能悠哉欣賞園區。

域的景色截然不同，不論是單人散步、雙人約會還是闔家光臨都很適合。例如日本庭園充滿傳統日式造景之美，紅楓覆蓋著木屋木橋，猶如仙境；水鳥之池則氣氛幽靜，小舟盪過平穩湖面，富有詩意；園內正中央的草原有兩個東京巨蛋之大，有人奔跑運動，也有人躺著睡午覺；在盆栽苑則可鑑賞美麗的盆栽，還有鑑賞教學，從花盆到樹形，什麼季節要看什麼盆栽都是學問呢！

如果體力用光，不想靠走路移動，不妨購買園區內小火車造型導覽車的車票，隨著季節變化會沿著各具特色的路線行駛，輕鬆欣賞當季風光。另外，園內也有設置腳踏車道，建議租借腳踏車，快速行進，腳踏車種類除了大人用、小孩用、雙人協力車的分類外，也提供附有兒童座椅的腳踏車，對帶著小朋友的家長相當貼心。

在園內瘋玩了一整天，黃昏時分，遊客們又回到銀杏樹下，確認過自己看了每一個該看的景，心滿意足地折疊起園區地圖，陸陸續續地離開。再拍最後一張照片吧！微風之中，悠揚擺盪的銀杏樹葉如同一雙雙小手，揮舞著說再見。

埼玉縣　長瀞町

長瀞

和緩的溪水中，一葉扁舟從巨石之間穿梭而過，船夫撐著長篙，望向兩岸搖曳楓林，林下岩石層層疊起，沉澱著億萬年的歲月。遠方響起的是漁歌嗎？或者是樹的低語？這裡太過寧謐，連暴躁的荒川流淌到此處，都變得輕緩安靜，於是得名長瀞。

長瀞位於埼玉縣，從秩父鐵道「長瀞」車站下車，一出車站就是古早味的商店街。還沒吃早飯嗎？買片可愛的心形煎餅填填肚子吧！但可不要吃

乘坐小艇，欣賞特殊的岩疊地貌。

太飽了，免得等下暈船。

長瀞最有名的就是遊船，可以近距離欣賞溪谷的美麗景觀，如果嫌這樣不夠刺激，也有泛舟行程，還可以體會划獨木舟或小皮艇，暢遊荒川。

下船之後，不妨在河岸「岩疊」上面散步，長瀞沿岸地質特殊，岩頁重疊如同千層派，對岸是被稱為「秩父赤壁」的斷崖，高聳的山壁氣勢凜然，非常有魄力。

因為地質特別，離岩疊有一段距離也有「菊水岩」、「虎岩」等特殊岩石，對地質、地殼變動歷史有興趣的人，推薦一看，同時也能參觀埼玉縣立

長瀞的心形煎餅特別可愛。

現煎煎餅再貼上海苔片，香氣迷人。

秩父赤壁的斷崖與楓隔江相望，氣勢雄渾。

的自然博物館，以及「日本地質學發祥之碑」，原來日本的地質學研究正起源於長瀞，這裡不光是風光明媚的觀光區，也富含了文化的底蘊。

但既然是來旅遊的，不吃點好吃的怎麼行？長瀞是溪谷，著名的美食都與水有關，例如有了好水才會好吃的蕎麥麵、豆腐，在清澈水質中方能生存的香魚所製作的烤香魚、香魚飯、香魚拉麵，以及日式刨冰。

使用天然冰的「阿左美冷藏」刨冰，值得一嘗。

長瀞有好幾家日式刨冰店，各有各的特色，都很值得一吃，但最有名的是使用天然冰的「阿左美冷藏」，因為天然冰取得不易，在日本使用天然冰的刨冰店屈指可數，天然冰透明度高、質地細膩，與人工冰不同，吃了不會頭痛，讓人忍不住一口接著一口。

在河岸上漫步一天，也填飽了肚子，天色漸漸暗了下來，該是解散的時候了嗎？別著急，動身前往長瀞名聞遐邇的「月之石楓葉公園」，去赴一場與夜楓的約會吧！

楓葉公園中，燈光將昏暗天色照亮，光線聚焦之中，楓葉像是暮色中燃起的焰火，壯烈洶湧，燒向天空，天上星火避其鋒芒，隱沒不見，只剩平鋪在地上的一盞盞光芒，猶如

夜楓如火令人醉。

天上繁星落到了火焰下，這景色夢幻極了。

日本的春與秋最美，但美總是短暫的，長瀞是賞梅、賞櫻及賞楓的名勝地，花開時分，觀光客熙攘而來，又在花落以後如潮水般散去，只有荒川永遠都是那麼安靜，小聲哼唱，雕塑著河岸的岩石，幾度春風，也悠遠不變。

長瀞觀光協會
中文官方網站

粟又瀑布低矮且寬，像是隆起的河道，與眾不同。

千葉縣 市原市

養老溪谷

仲夏，蟬聲嘹亮，微風裡都帶著灼熱的溫度，我氣喘吁吁、眼冒金星，感覺下一秒就會被曬暈。就在這千鈞一髮之際，嘩嘩湍鳴傳入了我的耳朵——是瀑布！我精神一振，當此炎炎夏日，還有什麼能比瀑布更消暑的呢？

養老溪谷是千葉縣最有名的溪谷，同時也是房總地區著名的溫泉鄉，由於地質特殊，入選日本地質百選。最近的車站是小湊鐵道的「養老溪谷」車站，小湊鐵道沿線風景明媚，尤其春天有櫻花和油菜花田，秋天有楓葉，可飽覽鄉村風光。

養老溪谷有數條健行步道，但最棒的還是循著瀑布前進啦！養老溪谷總共有六個瀑布，都有自己的特色，有的懸於高空，氣勢磅礡；有的順著石壁分流傾瀉，場面壯闊。

瀑布中最有名的就是全縣最大的「粟又瀑布」，不像一般認知的瀑布是從高處跌落，粟又瀑布身形低矮且寬，像是隆起的河道，但也因為沒有其他瀑布「高不可攀」的倨傲，能夠在上面盡情遊玩，平易近人，受到大家的喜愛。

一走近那潺潺水流，歡聲笑語響起，遊客都在開心玩水，森林環繞之間，泉水沁涼消暑，不知不覺，夏天的熱意已然褪去，或是抬頭欣賞美景，或是低頭尋找水中的各種小生物們，既能一個人隨心散步，也適合親子同樂。

除了瀑布，還有另外一樣事物最適合炎節溽暑，那就是日式刨冰啦！就在粟又瀑布附近，有家選用千葉在地、當季、無農藥食材的刨冰店，酸酸甜甜的水果醬汁淋在綿軟的冰片上，味道自然清爽，吃上一口，暑氣全消，這甜蜜好滋味，讓人不禁反而感謝起毒辣的烈日，有刨冰可以吃，人生真是太幸福啦！

除了健行步道和溫泉街，養老溪谷還有釣魚場和露營地，不妨來此消磨漫長夏季，體驗悠閒慢生活。特別因其水質清澈，這一帶的河魚沒有腥味，肉質甘美，就算不自己釣，也可以在餐廳點烤香魚一飽口福。

在溪谷中涉水而過，季節帶來的煩躁鬱悶消失一空，伴隨湍湍水聲而來的不只是涼爽清風，還有撫慰心靈的安穩平靜，我閉上眼睛，傾聽山林小溪的細語，像是回歸這片大地，全然放鬆。

要是有幸住在這裡，肯定能延年益壽、長命百歲，不然怎麼會叫做養老溪谷呢？

日式百香果刨冰最清香消暑。
養老溪谷的烤香魚肉質清甜無腥味。

曾經風靡一時的日式居酒屋「養老乃瀧」也是「養老瀑布」的意思，但據傳在岐阜縣，與此地並無關連。山泉清澈健康，可以養老，日本有不少類似傳說。

養老溪谷官方網站

冰店「山貓」

福島縣／新潟縣／群馬縣

尾瀨

世上再也沒有尾瀨這麼美的秋景，晨光照耀下，山頭的楓葉漸層繽紛，從橘黃到深紅，如同山火將人吞沒。濕原的另一頭，燦黃的蘆葦、芒草一面鋪開，延伸向無垠的遠方，蒼穹淺藍，湖水深碧，水上點綴著飄盪的浮萍，開闊而浪漫。秋天來到尾瀨，便把最美的景色帶到這裡。

秋來，楓紅夾道，
鎏金風華動人。

濕原中的浮萍湖，閃爍著波動的光澤。

從沙灘可眺望東北最高峰燧之岳。

遊賞尾瀨必須依照規定走在木板路上。

尾瀨是日本最大的高原濕地，占地遼闊，橫跨群馬、福島、新潟三縣，因為是高山圍繞的盆地狀高原，景色也十分多變，除了最有名的濕原外，還能飽覽山岳、森林、溪流，尤其是周圍的群山之中，「至佛山」與「燧之岳」都被列為日本百名山，讓登山者趨之若鶩。

欠缺登山裝備的旅客不用擔心，只要不爬山，尾瀨濕原中的路並不難走，大部分是石板路或木板道，穿上輕便的衣物和運動鞋就行。需要注意的是但凡有架設木板路，一定要走在木板路上，一是濕原中充滿珍貴的特有植物，需要保護其免於踐踏，二是預防旅客一腳踩進濕原裡，造成摔倒事故。由於濕原廣大，延伸向遠方的木板道便也成為了尾瀨獨特的風景。

秋天的尾瀨教人心生讚嘆，從鳩待峠登山口進入高原，一路可欣賞山間紅葉景致，尾瀨的紅葉是極其壯觀的，整片山域全是紅色，彷彿造物主失手打翻了紅墨水，便都毫不節制地傾倒在此。日式園林的紅葉雅致秀麗，也很好看，但我看過的景色當中只有尾瀨如此撼動人心，這片森林是野性而鮮活的，張牙舞爪地肆意生長，對著天空發出咆哮和呼喚，生命力磅礴。

我第一次到尾瀨時，面對這樣的山林，太過感動，真是話都說不出來，之後逢人便推薦我的「賞楓最佳景點」，並且勸告我所有的朋友，不要相信旅遊書上的路程時間，那都不夠拍幾張相片的，走一趟尾瀨，記憶卡塞爆、相機沒電才是常態，只可惜我認真拍攝的所有照片，都不及親眼見到的千分之一美，尾瀨的野性鮮烈，難以被靜止的畫面拓印，即使如此，我還是得多按幾下快門，把這份美好記憶帶走，聊以慰藉。

蘆葦叢中冒出野鴨，憨態可掬。

走過森林區，便會到達至佛山與濕原的分界點：山屋「至佛山莊」，右轉走上木板道，便能進入尾瀨的腹地「尾瀨之原」，一望無際的野原景象令人心胸開闊，似乎一直往前走就能走到世界的盡頭，秋意盎然中，蘆葦婆娑、湖泊寧靜，野鴨悄悄地探出頭，觀察著路過的遊客。

在濕原散步無疑是種享受，午休時間，不妨一邊眺望遠山、一邊野餐，或者尾瀨之原路線上有許多山屋，在山屋享用當季美食也是很棒的選擇。另外尾瀨水源豐沛，有一些免費的補水點，山泉清冽甜美，是只有在這裡才能嘗到的美味，千萬不要錯過。

尾瀨實在太美，捱過雪冬，隔年春夏之際，我又跑回

循著木板路，望向燦爛春景。

了尾瀨。尾瀨的春天同樣知名，相較於壯麗的秋季，春日是輕盈繾綣的，蘆葦鋪成的濕原化作嫩綠絨毯，一路奔向遠山，散步時別忘記仔細尋找，綠毯上妝點著各種獨特的高山植物花朵，有的俏麗、有的柔美，共同歌唱著歡迎新的一年來臨。

雖曾遭開路破壞，僅存的岩清水仍是登山客的救命山泉。

水芭蕉是尾瀨的代表植物，有地方歌曲專門詠贊。

當然，切勿忘記尾瀨的代表性植物「水芭蕉」，可不是水果喔！這是一種濕原特有的花朵，因為形似芭蕉的葉子而得名，潮濕的原野中，白色的水芭蕉像是穿著一襲紗裙的芭蕾舞者，娉婷而立，春之精靈實至名歸。

抬著相機在濕原中蒐集了一整天的植物圖鑑，山區中的黃昏和夜晚來得特別快，下午三點，我們不得不踏上歸程，儘管從清晨時分就進入尾瀨，一整天的時間彷彿瀑布一般飛速流逝，根本就沒玩夠。

「春天的尾瀨也很棒啊！

下次我想看看雪中的尾瀨。」

「我想爬至佛山！我想爬燧之岳！」

「都沒人覺得一天的時間太少了嗎？我想在尾瀨的山屋住一個晚上，夜裡的星空肯定很美。」

「我也想、我也想！不過我想露營！」

「希望下次來的時候，尾瀨也這麼美。」

「肯定會的！」

我們嘰嘰喳喳地聊著天，邁向尾瀨的入口，那裡有一塊巨大的塑膠鞋墊，讓訪客在進入時敲落鞋子上附著的泥土和種子，避免將外來植物帶入尾瀨。

尾瀨有許多規矩，例如不設置垃圾桶，訪客必須將自己帶來的垃圾全部帶走，還有如果攜帶登山杖，不可以拆掉前端的橡膠套，以免杖尖劃傷木板道，當然，不能離開登山道、不能攀折花木等等是基本規定，擺上塑膠鞋墊也同樣是為了保護尾瀨。

尾瀨是日本環境保護運動的先驅，這樣美麗的大自然，其實好幾次差點徹底毀滅。一百多年前的明治時代，東京電力公司打算在水源豐沛的尾瀨建立水庫，利用此處的水力來發電，水庫一旦建成，尾瀨之原便會被水淹沒，不復存在。燧之岳山腳下的山屋「長藏小屋」主人平野長藏聽聞此事大力反對，從此開啟了尾瀨保護之戰，長藏父子花了將近半個世紀，四處奔波，聯合學者、媒體一起努力，尾瀨終於被政府指定為「天然紀念物」，不再允許開發，而抗爭期間結成的「日本自然保護協會」，便是日本環境保護運動的萌芽。

但是戰爭並未因此結束，隨著天然紀念物的聲名大噪，尾瀨湧入了大量的觀光客，濕原被隨意踐踏，如茵綠草死絕，只剩下裸露的泥地。往後化身尾瀨代表風景之一的木道就是此時架設的，尾瀨也是第一個要求觀光客只能在木道上行走的地方。之後進行了很長時間的復育活動，才慢慢恢復成原本的樣子。

然而這也還沒完結，由於尾瀨成了著名的觀光地，政府決定在此建設道路，此時站出來阻止的是長藏小屋的第三代屋主平野長靖，他發動連署，向當時的環境廳長官直接陳情，終於阻止了開發案的實行，可以說平野一家三代的人生都花在保護尾瀨之中了。

此後，群馬縣制定了尾瀨憲章，與福島、新潟商議，尾瀨的自然保育終於走上正軌，前後花費將近百年的保育活動、層出不窮的問題與各界人馬群策群力制定的解決方案，尾瀨的經驗被許多的保育區借鑒，是教科書般的經典案例。

確認過沒將垃圾遺落在濕原，揹上背包，我們走出了尾瀨，這個地方對觀光客要求嚴苛，但我不覺得麻煩，我很感激這份嚴苛，讓百年之後的我，可以看到這麼美的景色，所有的美都得來不易，但只要大家願意遵守規定，下次來的時候，便能擁抱同樣的壯麗自然。

草木蒼鬱，輕快的小溪不知離愁，高唱著一路奔流，向晚時分，染上霞光的山野讓我想起那令人震撼的秋季，整片楓林彷彿浴火重生，我移不開視線，甚至捨不得嘆息。

世上再也沒有尾瀨這麼美的秋景。

Info

尾瀨每年冬天會封山，規劃時記得查詢，免得撲空，如果想看到雪中的尾瀨，日本的黃金周（四月底至五月初）是唯一的機會，但此刻的尾瀨是高山雪原，特別是冰面下藏著湖泊沼澤，非常危險，需要專業的裝備、技術以及對地理位置有相當的了解，才能前往。

青森縣

青森

從電車下來，車站裡滿滿都是鮮豔的紅色，蘋果蛋糕、蘋果果醬、蘋果果汁，讓人看了就嘴饞，馬上購入一包切片蘋果乾，打開時湧起一股自然的甜香，咀嚼起來脆中帶軟，忍不住一口接一口，這種「健康零食」我一天能吃十包！不過等等，既然來到青森，必須要大吃各種現摘蘋果和津輕海峽的海鮮，怎麼能被小零嘴迷惑了心神呢！

奧入瀨溪是青森的賞楓勝地。

青森位於日本本島最北端，與北海道最南端的函館僅隔著津輕海峽，坐一個小時的新幹線就能到達。說到青森，臺灣人的第一反應肯定是「蘋果！」青森縣的蘋果在日本生產量第一，擁有日本最古老的蘋果樹，知名品種「富士蘋果」也是在青森進行品種改良而來，富士出現之後，許多蘋果生產國也大量改種富士，說是世界第一蘋果也不誇張。不過臺灣對青森來說其實也很重要，因為青森的外銷蘋果中有九成都銷往臺灣，可說是關係緊密。

青森蘋果盛名太過，常讓人忘記這裡可是首屈一指的觀光地。要看自然美景，有日本百名山之一的八甲田山；要看人文歷史，也有壯觀的繩文時代遺跡三內丸山遺跡。春天來臨，弘前城周圍櫻花滿開，好似粉色的海洋；夏天夜裡，睡魔祭上巨大燈籠照亮天際，人們歡聲雷動，熱氣蒸騰如同烈火；冬日雪深，最適合以溫泉抵禦東北的寒冷勁風，湯野川溫泉、猿倉溫泉、下風呂溫泉……放鬆了身心，坐在旅館的榻榻米上，吃一鍋熱騰騰的鮟鱇魚火鍋，再配上當地產的日本酒，再沒什麼比這更幸福的了。

至於秋天，必去的首推奧入瀨。奧入瀨川發源於青森與秋田之間的十和田湖，兩者一起被列為特別名勝及天然紀念物，十和田湖是火山噴發所形成的湖，如今雖然風平浪靜，但也能看到粗獷的火山岩

秋天的十和田湖，美得非常有層次。

峭壁，地質特殊，如果時間充裕，不妨坐遊覽船繞湖細觀。

秋天的早晨，最適合在湖畔慢慢散步，藍天透亮、綠水澄瑩，雪白的雲朵在水光接天中悠然飄過，慵懶閒適，湖水深幽，峭壁高聳，遠山近樹的紅楓似火燎原，棕紅、橘黃，層次分明，與江天一色的碧藍形成鮮烈的對比。

看完了湖，動身前往奧入瀨溪流。奧入瀨川是十和田湖流出的唯一河川，河畔有整理過的步道，全程走完要消耗四小時以上，但非常推薦一定要完整走一遭，而非在溪流入口觀望一番、淺嘗即止。

奧入瀨的景色豐富多變，既有溫婉流淌的涓涓小溪，也有洶湧湍急的激盪水流，集溪流千變萬化的美之大成，樹林深幽神秘，水霧飄渺如煙，巨岩刀削斧鑿一般地懸崖聳立，瀑布奔流而下，在浩蕩激越的鳴奏之後，又重歸於安靜的深潭，沒有一處不好看。秋天楓紅映溪，色彩醒目又迷離，隨便一按快門都是明信片般的色調，在驚嘆之中，時間宛如急流，有幾個小時也不夠用。

晚上肯定是要住在溫泉旅館的，療癒泡湯和海鮮大餐等待著疲憊的旅人，運氣好說不定還能碰上蘋果溫泉呢！在東北安靜的夜晚中好好休息過後，又可以繼續明天的行程。

搭車離開青森的時候，我買了一大袋蘋果，路過窗外一頃一頃的蘋果田，以藍天為背景，艷紅色的果實彷彿是發光的紅寶石，我被腹中的饞蟲不斷催促，只好掏出一個蘋果，急不可耐地草草擦拭，就一口咬下，緊實的果肉被牙齒切開，甜美豐沛的汁液流進喉嚨，我驚嘆地睜大了眼睛，這就是青森蘋果啊？那麼我在東京吃到的鬆散酸澀的水果，還配叫蘋果嗎？這也太太太好吃了！

窗外綠意十足的風景飛逝，我即將離開這片青色森林，如果不是離愁，這顆蘋果也許還能更好吃，買再多的蘋果，又怎麼能夠抵得上一棵結實纍纍的樹？還能再吃到這麼新鮮的蘋果嗎？我不禁憂鬱了起來，但轉念一想，我還想看看弘前城的櫻花和春天嫩綠的奧入瀨溪呢！肯定要再來青森的啊！

有了新的目標，我重新高興起來，完全忘記了春天並非蘋果的產季，不過到時候的我肯定會改為了草莓而歡欣鼓舞，一年四季，這裡都不會令人失望。

就算專程到青森吃蘋果，也已值回票價。

Info

從「青森」或「新青森」車站搭乘巴士到「子ノ口」或者「十和田湖（休屋）」公車站下車，「子ノ口」和「燒山」之間即是奧入瀨的散步路，也可反方向搭乘公車到「燒山」站後，一路走到十和田湖。

青森縣觀光資訊官方中文網站

奧入瀨溪流館官方網站

十和田湖國立公園官方網站

北見狐狸牧場

毛絨絨、毛絨絨，到處都是毛絨絨！從來沒看過狐狸的我，在這裡被大批棕黃色的毛團子包圍，差點流下幸福的淚水，大大的三角耳朵、蓬鬆的毛尾巴、修長的四肢，當然，還有小梅花爪上的肉墊，這麼萌的生物是真實存在的嗎？別再對我露出天真的傻笑了，我的心要融化啦！

北狐牧場（北きつね牧場）位於北見市的溫根湯溫泉，最近的車站是「溫根湯」巴士亭，很適合到這裡泡溫泉休養，順路來看看可愛的小狐狸們，附近更有占地廣大的休閒設施「道之站溫根湯溫泉」（道の駅おんねゆ温泉），不僅有介紹觀光的旅客中心，甚至有附設淡水魚水族館、二十公尺高的巨大布穀鳥鐘、手作木工體驗工房等，以及販賣許多當地特產農作物、水果，也有熟食小吃可供用餐，很適合安排較長的時間慢慢遊覽。

北狐牧場裡有超過五十隻北狐，相對於日本本島紅褐色的狐狸，生活於北海道的特有種北狐顏色較淺，呈現淡紅色到金黃色。說到北海道的動物，第一個想到的通常是熊，不過北海道其實有很多狐狸生存著，甚至在路邊也偶爾能看到，但千萬別觸摸野生的狐狸，因為野生北狐身上的寄生蟲對人類有致死性的危險。

牧場的狐狸雖然會定期檢驗，沒有寄生蟲，但也是禁止觸摸的，只是，即使生活在牧

馬鈴薯是北海道有名的農產品，在這裡很豪邁地整顆酥炸後成串賣。

狐狸回首，像是在笑著歡迎訪客。

場裡，狐狸畢竟是野生動物，警覺心很高，看似傻傻地在睡覺，只要我們偷偷摸摸靠近，立刻會睜開眼睛、起身逃跑，憑我的手速那是追也追不到啊！所以想跟狐狸合照也要看運氣和經驗，如何步步緊逼到成功靠在狐狸的警戒線上，以擠進同一張相片中，可是很需要計算的呢！

除了狐狸之外，牧場中同時有三隻狸貓，據說狸貓更加膽小，經常躲在窩裡不出來，但我們也許是運氣好，尋找後發現三隻都在外面曬太陽，短手短腳加上圓滾滾的身體，跟狐狸有著不同的可愛，但都一

毛絨絨一團的狸貓，十分可愛。

狐狸入睡中，身子圍團惹人憐愛。

樣超萌！

狐狸是夜行性生物，牧場營業時間內幾乎都在睡覺，把小毛臉搭在自己的腳和尾巴上，盤成一個甜甜圈形狀，讓人看了就想高喊：「外帶一盒！」

「就算這個睡相我可以看到天荒地老，但也想看看牠們活潑的樣子……。」友人蹲在狐狸的警戒線外，一臉的猶豫不決。

「你靠過去牠們就會醒過來了啊！」

「人家睡得好好的，那我不忍心啊……！」

正當我們左右為難之際，牧場主人正好進來巡視，不愧官網上號稱「狐狸們的偶像」，剛剛還睡得像小豬的狐狸們，立刻翻身而起，睡眼惺忪地在他腳邊繞來繞去，睡著的狐狸形似貓咪，現在蹦蹦跳跳期待玩耍的樣子，終於有點犬科的模樣了。一隻狐狸靈活又淘氣，竟然直接攀到牧場主人肩上，把臉搭在他頭上，猶如一頂長尾巴的毛帽子。

「啊啊啊……！超可愛！超可愛！」我們一邊猛按快門，一邊羨慕得流淚。

「太可愛了！我要辭職了！我要轉行去開狐狸牧場！」

▲ 狐裡跳上頭，像為主人戴了頂狐皮帽。
◀狐裡走在雪上，此情此景在日本其他地方看不到。

「我也要！我也要！」

每次看完可愛動物就有一波轉職潮，這便是萌物的力量啊！

狐狸牧場一年四季都有營業，不過冬天的狐狸毛髮蓬鬆、憨態可掬，還能看到雪上北狐這種非常「北海道」的景色，值得推薦，夏季的狐狸由於換成短毛，看起來體態纖瘦，則比較顯出人們印象中古靈精怪的樣子。無論哪種季節，被滿場毛絨絨包圍的經驗都像是身處童話世界，幸福得不得了。

終於到了不得不離開的時候，走進伴手禮區的我們就像被狐狸施了魅惑魔法，不知不覺之間，錢包已被洗劫一空，鈔票幻化成各式各樣的狐狸絨毛玩偶。

「你太敗家了啦！這個玩偶有什麼好買的啊？又沒真的狐狸可愛！」

「哼哼！因為我有帶夠錢，你少吃不到葡萄說葡萄酸！」

「說起來，吃不到葡萄說葡萄酸的不是伊索寓言裡面的狐狸嗎？」

「那伊索沒看過狐狸吧？狐狸明明會爬樹，剛剛樹上就有狐狸。」

「啊！？我怎麼沒看見！」

「誰叫你一直蹲在地上傻樂。」

友人們打打鬧鬧地走向出口，互相炫耀著這趟旅程中得到的新情報。

儘管大部分的動物我都喜歡，但來到牧場之前，我對狐狸其實並無深刻的認知，除了文化中的狡詐形象、稻荷神社外的石雕，唯一的交集就是常會在雪山上看到狐狸的腳印，但狐狸機警聰明，可不會讓登山者目擊到牠。這次的近距離接觸，不只讓我多了對這種動物的知識，也洗刷了我一直以來的刻板印象，讓我心目中的狐狸有了鮮明的形象，果然什麼事物都要親自接觸才能深刻明白，就像旅行，照片和錄影雖美，唯有自己雙腳走過的路途，才會永遠拓印在記憶之中。

Info

北狐牧場
官方網站

溫根湯溫泉鄉
官方網站

館內展示不同款式蒸餾機的演變。

北海道 北見市

北見薄荷紀念館

北海道富良野的薰衣草花田世界知名，不過北見的薄荷其實也很值得一看，北見在昭和時代以種植薄荷為業，全盛時期到達世界供給量的70%，帶起了整個北見市的發展，是當之無愧的薄荷王國，可惜二戰之後，以石油為主原料的人工合成薄荷大興其道，天然薄荷失去競爭力，北見的薄荷工廠也因此關閉。

現場重現農家蒸餾薄荷的過程。

從石北本線「北見」車站徒步十分鐘，或坐公車到「本町一丁目」巴士亭，就能到達北見薄荷紀念館，這裡原本是薄荷工廠的研究室，工廠關閉之後，建築物連同器材一起被捐給北見市政府，當年盛極一時的輝煌產業，如今只剩紀念館及蒸餾館兩種建築物，不禁令人十分唏噓。

一靠近紀念館，便可以看到大片的香草花圃，這裡種植了大約七十種香草植物，在溫暖的季節前往，滿眼都是清新翠綠的薄荷田，尤其八月有香草收穫祭的活動，非常推薦。

紀念館中保存了北見薄荷的發跡歷史，也有當時使用的蒸餾器具等等可供觀賞，讓人對這陌生的產業多了一分了解，但最好看的還是蒸餾館了。

蒸餾館中，曬乾的薄荷堆積了一整面牆，魄力十足，館中央放置著蒸餾器具，這可不是為了紀念的道具喔！蒸餾館中現場再現薄荷農家提取薄荷油的工序，薄荷香味瀰漫著整個空間，令人陶醉，蒸餾後的精油一點一滴匯聚，隱約可窺見昔時的風光。蒸餾館中製作的薄荷油數量稀少，沒有在市場上流通，只能在館內購買，絕對是薄荷精油中的夢幻逸品了。

如果事前預約，還能付費體驗自己製作蒸餾油和薄荷香膏，可惜我們是臨時起意前往，沒有想到占地不大的一個紀念館，內容竟然如此充實，最後大家在伴手禮區猶豫不決、抱頭苦思。

雖然規模不比以往，但北見至今仍有薄荷產業，除了販售薄荷油、薄荷霜，當然也有好吃的薄荷糖和薄荷餅乾，不管平日有沒有使用薄荷提神醒腦的習慣，都能夠買到合心意的商品。

本來以為只是普通的觀光工廠，沒想到能看到現場蒸餾薄荷，心滿意足的我們走出了紀念館，想到天然薄荷被合成薄荷打敗，又是一陣感慨，然而人們對天然療癒的追求永不會停止，無論是富良野綿延千里的紫色薰衣草花海，或是北見農田裡的清香嫩綠。

左為紀念館現場蒸餾限定款，右為北聯行銷北海道的薄荷精油。

Info

北見薄荷紀念館官方網站

介紹手冊

網走鄂霍次克流冰館

冬天，廣闊深藍的鄂霍次克海染上白霜，西北方中國黑龍江流出的淡水注入了大海，在寒冷中凝結為成片冰塊，被海洋與北風推擠著一路南下，漂流到北海道，原本只在南北極才能見到的流冰，卻覆蓋了北海道的大海，這是大自然的奇蹟。

來到網走，春天必看的景點首推東藻琴芝櫻公園，顏色深淺不一的粉紅芝櫻舖滿地面，美不勝收；至於冬天，一定要看的就是流冰了！但在去看流冰之前，不妨到流冰館走

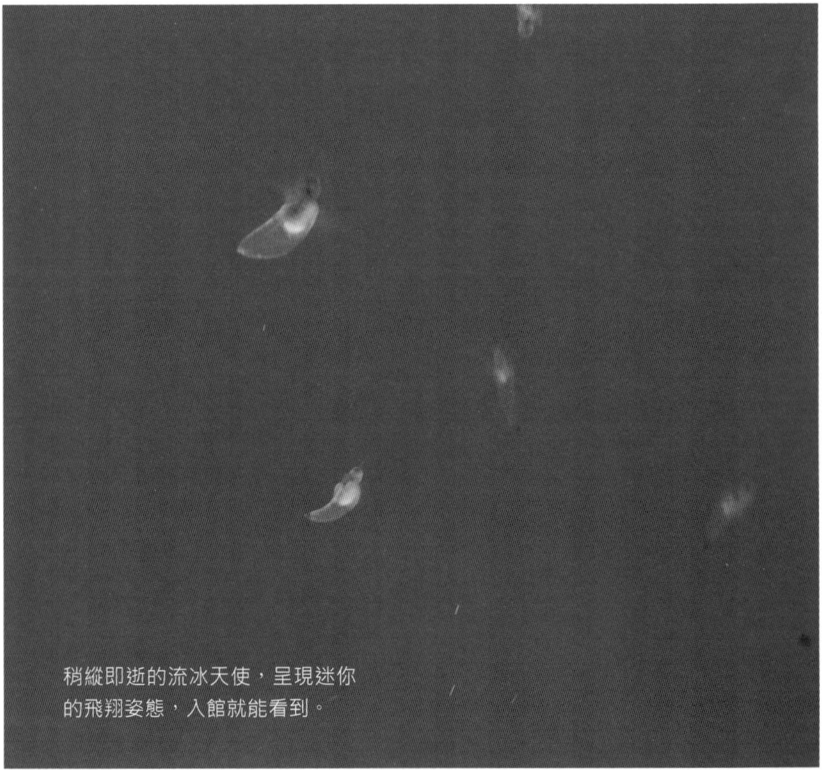

稍縱即逝的流冰天使，呈現迷你的飛翔姿態，入館就能看到。

一走，更理解流冰和鄂霍次克海的生態，讓接下來的行程增添不少樂趣，同時，流冰館本身也很好玩，值得一看。

流冰館位於天都山上，在網走車站搭乘前往「天都山」方向的巴士，在「オホーツク流氷館」（鄂霍次克流冰館）車站下車即可到達，市內觀光巴士也會經過著名的網走監獄博物館以及北方民族博物館，很適合一起串聯遊玩。

這座流冰館，就是流冰和鄂霍次克海生態的縮影。

走下長長的階梯，展覽室和生物水槽映入眼中，生物水槽中有各種罕見海生物，例如鮮橘色的小圓球「糰子魚」，魚如其名，看起來就像橙味麻糬一樣嬌小軟糯，游泳時死命揮動小小的鰭，休息時躲在樹枝中間，偷偷往外看，嬌憨極了。還有圓胖胖的「氣球魚」，漂浮在水中的模樣確實如同氣球一般，但這是一顆像是在發

（圖右）透過生物水槽，把罕見海生物帶到遊客面前。

（圖左）不同顏色的氣球魚，呆萌可愛。

呆的氣球，傻頭傻腦的模樣十分療癒。

當然，最特別的就是擁有「流冰天使」、「海天使」、「冰之妖精」等眾多稱號的裸海蝶（Clione）了，流冰天使是一種僅有數公分大小的卷貝，生活在北極海等寒冷的水域，只有冬天的流冰季節時才會在鄂霍次克海現身，待春天來臨，又與流冰一同消失。

與通常奇形怪狀的深海生物不同，流冰天使全身透明，透著粉橘紅色，身體旁邊有宛如雙翼的透明雙鰭，拍打著翅膀在水中悠游的姿態真的彷若天使，又萌又神秘，難怪會有這種綽號了，不過據說牠捕食時頭部會裂開並伸出六根觸手，驚悚極了，果然是深海生物，即使外表是超萌小可愛，也不可小覷啊！

除了認識難得一見的生物們，流冰館中也有互動體驗區域，就是零下十五度的流冰體感室，其中有展示真實的流冰，流冰的觸感非常神奇，摸起來不太像冰塊，反而有如岩石，非常扎實韌性，令人驚嘆。

當然最有趣的還是冰凍體驗，入口處可以領到浸濕的毛巾，進入體驗區後，就能看到一堆觀光客歡樂地在頭上狂甩毛巾，詼諧場景令人噴笑，這是為了體驗寒冷環境的急凍效果，只見毛巾沒過幾秒就凍得如同棍棒般地堅硬，讓眾人發出驚呼聲。

但要是有時間，忍耐著寒冷在體感室內待久一點吧！這裡模擬了流冰接岸的一整天，清晨，天色漸亮，流冰在岸旁發出傾軋的聲音，白晝之間，海鳥飛舞而過，搜尋著食物，夜幕慢慢低垂，頂上眾星閃爍，直到星光隱沒，清晨又再次來到，靜下心來觀賞流冰的一天，會是很棒的體驗。

看完展示區域回到一樓，可別錯過流冰館的必吃點心：

流冰冰淇淋！白色冰淇淋上撒著鄂霍次克海所產的藍色海鹽，猶如藍海與流冰的配色，好看又好吃。

最後當然是要到頂樓的展望台眺望了，天都山上一眼望去，白雪覆蓋大地，廣闊的大海也被白煙籠罩，一片夢幻景色，遠山近海，無數的生物生存在其中，共同組成了獨一無二的生態系，漂洋南下的流冰帶來的不僅是天使，還有網走的美好與獨特。

冰淇淋撒上了鄂霍次克海所產的藍色海鹽。

從天都山眺望遠方，冰與山海層次分明。

如果要搭乘巴士，可以購買網走巴士的兩天周遊券「あばしりフリーパス」，除了區間自由乘降之外也有許多設施的優惠券，非常划算。

Info

網走巴士的兩天周遊券

鄂霍次克流冰館官方中文網站

網走破冰船

一月下旬，一年中最寒冷的季節，北緯四十四度的網走籠罩在潑天大雪之中，鄂霍次克海海面凍結，白色的厚實冰層一直推擠到沿岸，場面壯觀，但這不是海結冰了，是從河道湧入海中的淡水成冰，往南漂流到北海道，才讓緯度相對低的北海道有流冰可看，可謂是一趟奇蹟之旅，而網走，便是流冰浩蕩旅程的終點。

從網走車站乘坐十分鐘的巴士就能到乘船場，一月底流冰到達海岸，肉眼可見之日被稱為「流冰初日」，在極厚的冰層阻擋下，普通的船隻連出港都沒辦法，能夠遨遊海面的只剩下為了航行於南北極、船底構造特別、能將冰面破開的破冰船，而想要看到船艦破冰前進的壯麗景色，不妨搭乘網走的破冰船「極光號」（おーろら）。

根據月份不同，極光號一天會有四到五次航行，大約兩小時一班，一次的航行時間約為一小時左右，從港口一路航向鄂霍次克海，讓旅客盡情觀賞難得一見的流冰。

除了彷彿航行於冰上的奇景，運氣好的話也能見到許多寒冷地帶生物，例如海鷗、海豹、北極狐等等，還有超級精

隨著破冰船破冰前進，前方展現壯麗景色。

坐在破冰船上，可眺望海景與街市景致。

海鷗飛上船，伺機分享遊客的食物。

明的海鷗，一上船立刻在旅客周遭探頭探腦，等著分享大家手上的食物，一看見牠們，可得把吃的藏好，別看牠們靈動嬌俏的可愛模樣，搶起食物可是翻臉不認人，超級兇的呢！

二月中旬到三月上旬的周末，破冰船會加開一班觀賞夕陽的班次，橘紅色的大海浪漫極了，如果想看，一定要記得事前預約。另外，要是運氣不好沒有流冰，極光號會轉而開往能取岬，能取岬是網走北方突出於海上的岬角，斷崖絕壁十分壯觀，上面有燈塔，雖然海景也很好看，但這就是普通的觀光船了。

下了船，天色漸黑，在網走吃個晚餐吧！北海道的札幌啤酒遠近馳名，不過其實網走當地也有生產啤酒，在不少餐廳都可以喝到，千萬別錯過了，尤其是使用了網走流冰的流冰啤酒（流氷ドラフト），呈現清爽的淡藍色，讓人想起才剛看過的銀白大海。隨著季節變化還會推出期間限定啤酒，例如春天會有淡粉色的櫻花啤酒，唯美至極。

以網走監獄為形象的黑啤酒味道濃厚，喝完就成為網走啤酒的俘虜。

啤酒喝不醉人，微醺只讓旅客們情緒高漲，我們漫步在網走黑夜的街道上，踩著深雪卻感覺不到寒冷，熱烈地討論著明天的行程。流冰永遠地留在了這裡，但我們的旅行還要繼續，北海道的山川自然廣闊宏偉，沒看完之前，誰捨得回家呢！

Info

網走流冰觀光破冰船官方網站

紋別也有破冰船，網走交通方便、景色壯麗，紋別則較有地方風情，破冰船距離流冰近，充滿魄力，可以根據目的做選擇，當然，如果要我推薦，肯定是建議兩個都去囉！

隨著全球暖化日益嚴重，網走的冰期、冰量都在縮減，尤其是暖冬年，以往到四月都還有流冰，但現在可能三月就已全部融化，要看這奇蹟般的景色必須趁早，出發前也別忘了在官方網站上即時確認流冰的狀態。

北海道 斜里郡

知床雪原散步

同樣都是雪原，與日本本島的悠閒寧靜不同，北海道的雪原帶著一種野生的粗獷，洋上浮冰龜裂、海岸峭壁聳立，森林裡，樹木的枝幹上印著棕熊的爪痕，怵目驚心。隆冬，鋪天蓋地的大雪下在被稱做「最後的秘境」的知床，這片世界遺產冰封千里，彷彿一切生機都被斷絕，但自然界自有其奧妙，一片白茫之中，仍有許多生命蠢蠢欲動，值得一探究竟。

知床位於北海道的東北角，流冰為此地帶來了營養充足的水源，海、湖泊、河川、火山、山岳、森林，複雜的地形互相影響，孕育出了獨特而豐富的生態系。因為遠離人群，這裡的自然環境少有破壞，還維持著原始的野性，難怪會被認為是最後的淨土，同時，知床半島與其沿海海域也被列為自然遺產，這是「靠海吃海」的日本第一次有海域被列為世界遺產，珍貴程度可見一斑。

知床最有名的是「知床五湖」，春夏時節，湖水碧藍，蒼綠的知床連山倒映在湖水之中，美不勝收。到了冬季，雪勢猛烈、積雪深厚，知床便化為難以侵入的雪原，需要有雪鞋等裝備才能在其中漫步，有

參加在地的導覽行程可以穿著雪鞋在雪原裡漫步。

北海道蝦夷鹿的特徵是臀部有愛心型白毛。

不少旅行社在冬天推出流冰漫步、雪鞋健行等行程，並可出借裝備，不妨趁勢參加，有嚮導沿途解說，也比較容易完整領略知床的美。

一大清早，我們換上裝備，前往知床自然中心，準備越過森林小徑，到斷崖去看知床八景之一的「少女之淚瀑布」，嚮導講解著注意事項，並給我們看他腰間的驅熊噴霧。

「北海道有很多棕熊，雖然現在是熊的冬眠期，但由於全球暖化嚴重，牠們可能會提早醒來，要是真的遇到熊，你們不要緊張，千萬別拍照、別發出聲音，慢慢退到我身後。」

「這個噴霧有用嗎？你有用過嗎？」團員們小心翼翼地問。

「我還沒用過。」嚮導露出燦爛的笑容，「但如果你們運氣不好，這次就會給我使用的機會啦！我還滿想試試看有沒有用呢！」

「才不要！」我們驚恐萬分，瘋狂搖頭，把嚮導逗得哈哈大笑。

踩上雪鞋，出發了。今天天氣晴朗，嚴峻的北海道難得露出溫和的一面，腳下的雪白皙鬆軟，如同撒上了白糖的刨

啄木鳥會從樹中找出害蟲啄食，所以又被稱為「樹木醫生」。

冰，陽光從樹木的隙縫間透到雪上，森林裡發出窸窸窣窣的細微聲響，是風聲嗎？是小動物嗎？可別是熊啊！

「噓！」嚮導忽然停了下來，「有沒有聽到啄木頭的聲音？是啄木鳥！」

森林裡傳來「嘟、嘟、嘟」

的輕微撞擊聲，我們興奮地四處張望，但茂密的林木看得人頭暈眼花，根本找不到一隻小小的鳥兒。

「在那裡！」不愧是嚮導，伸手一指，我們引頸看去，果然發現一隻小鳥正抓著枝幹，用長喙一下一下敲擊著，嚮導認真地解釋起了啄木鳥的生態，但被那敲樹的超萌模樣迷暈了頭的我們只顧著拍照。

拍完了難得一見的啄木鳥，嚮導領著我們繼續深入雪原，尋找動物的蹤跡。吃個飯丟三落四的松鼠把松果的碎片散落在雪地上；兔子和狐狸的腳印演繹了一場追逐戰；順著熊的爪痕往上看肯定能找到山葡萄藤，這是棕熊的最愛……，森林裡充滿了要仔細注意才能發現的動物痕跡。

「在北海道，熊和人的距離很接近，你們看，在道路旁邊就有熊的冬眠洞窟。」

「這就是冬眠洞窟啊！嗯？等等喔，那不就是……！」我們嚇得哇哇大叫，「那不就是有熊嗎！」

嚮導笑得捧腹，「沒有了、沒有了，這個是舊的洞窟啦！你們看，它已經塌掉了。」

「我們哪看得出來啦！」

被嚮導嚇得半死的探險隊越過森林，眼前豁然開朗，一大片的平坦雪原直到懸崖邊，蒼鬱的遠山白頭，鹿群悠然漫步，低頭啃食雪中露出來的草

望著鹿群與遠山，心情悠然閒適。

鹿群在藍天雪原中，很有療癒感。

地。

鹿真是可愛極了，圓圓的黑眼睛溫馴又無辜，棕色的毛絨絨身體、修長的四肢、短短的小尾巴，重點是，屁股上竟然是一圈愛心型的白毛，簡直是把賣萌功力發揮到極限，讓人看了忍不住捧臉尖叫。

不過野生的鹿對人類可是警戒得很，看似放鬆地在吃草，一旦我們躡手躡腳靠近，立刻撒腿就跑，讓我們只能遠觀，不好意思再去打擾人家的午餐時間。

拍了一堆照片，依依不捨的我們還是跟上嚮導的腳步，前往觀看知床八景之一的少女之淚瀑布（フレペの滝），這個瀑布位於懸崖下，是斷崖湧出的地下水直接跌落海中。無論哪個季節，水量都不多，幽然滴落的模樣如同少女垂淚，所以叫做少女之淚瀑布，但冬天無疑是水量最少的時候，要費勁尋找好久才能看見瀑布流淌的模樣，果然北海道的寒冬

周圍的瀑布已結凍，只剩中間少女之淚還像淚水般流著。

太冷，教人哭也哭不出來啊！

嶙峋的海岸線延伸而出，從展望台望出去，突出的岬角上可以看到宇登呂燈塔，燈塔後面是白色的知床連山，燈塔前面，廣大的鄂霍次克海延伸到地平線的盡頭，海的那端是什麼呢？是另一段未知的旅程嗎？我在強烈的海風中努力望遠，但大海一望無際，像是沒有邊界。

導遊呼喚著集合，我們意猶未盡，轉身踏上歸途。

但還遠不到回飯店的時候，不妨繞路去看同為知床八景之一的「雙美瀑布」（オシンコシンの滝），雙美瀑布高約三十公尺，因途中分為兩股流水而稱為「雙美」。膽戰心驚地沿著結凍的樓梯往上爬，到達瀑布中腹的位置，水花在極近的距離奔騰而下，幾乎能感受到飛瀑帶起的風壓，氣勢驚人。

雙美瀑布可讓人從近距離觀賞，特別壯闊。

時間逐漸流逝，向晚時分，我們前往知床八景之一的夕陽台，等待著一天的結束，海的那端，烈日緩慢下落，像一團橘黃色的墨水，把周遭的海水都渲染成金黃，在這令人沉醉的自然美景面前，我們只

落日餘暉，掀起沈醉夜晚的序幕。

能屏息傾聽夜的序曲。

夜幕終於籠罩了知床，我們拖著疲憊的身軀回到飯店。知床依山傍海而生，螃蟹、鮭魚、海膽、干貝，海產多樣又新鮮，啃著甘甜的螃蟹腳，幸福得流眼淚，這才是生活啊！等等再去泡個溫泉，所有的疲累都會不藥而癒。

夜色深濃，窗外的雪地和森林、崖壁與海浪，都如同沉睡一般，靜謐極了，但大自然是如此神奇，在這片沉默中，也有些生物的一天才剛剛開始，或奔馳在樹巔、或翱翔在雲層、或暢遊在海底，天地孕育了這片秘境，我們的所見所聞，不過是冰山的一角罷了，我還能看遍世界嗎？我連一個知床都看不完呢！

「走囉！泡溫泉喔！」

「哇！我大腿已經開始痠

飯店海鮮大餐物超所值。

夜晚，眺望森林與海景，如同酣暢的水墨畫。

了，沒想到雪鞋那麼重，明天該怎麼辦啊？」

「這才要趕緊泡溫泉啊！我們還有好多行程要跑呢！」

對了，旅程還在繼續，明天會有明天的行程。我響應了友人的召喚，充滿期待地走向溫泉。儘管還未體驗知床的四季，但我已經一窺雪原的秘密，我還想在知床連山上縱走，也想看看綠蔭中的知床五湖，那麼我肯定會再來，不用急著一下子就發掘所有的美景。

總得留一些樂趣，給下一場旅行啊！

Info

夏天可從「斜里」或「宇登呂溫泉」巴士站搭巴士到「知床自然中心」或「知床五湖」，冬天有些巴士不會運行，需要即時確認，可參考斜里巴士中文官方網站。

斜里巴士
中文官方網站

知床自然中心
官方網站

釧路市

釧路川被陽光渲染得閃亮，擁有「釧路濕原」、「阿寒摩周」兩個國立公園的釧路，地形得天獨厚，日本首屈一指的廣闊濕原、百名山之一的雌阿寒岳、以圓滾滾可愛毬藻聞名的阿寒湖，當然，還有漁產豐富的太平洋，讓釧路成為自然環境、歷史文化、商業價值兼具的觀光港都。

到釧路，一定要看的就是丹頂鶴了！不過剛從釧路車站下車的我們，提著行李箱就迫不及待地衝向了和商市場，吃飯皇帝大，不管是怎樣的天堂美景，都要排在海鮮大餐之後啦！

和商市場是北海道的三大市場之一，同時也是釧路的第一個市場，由於離車站近，具有地利之便，可說是釧路車站附近的觀光景點冠軍。海鮮以外，也有雜貨店、水果攤，大約有超過七十家店家，值得一逛。和商市場的名產是「勝手丼」，日文的「勝手」就是「任意、隨意」的意思，觀光客在熱食店購入白飯，接著前往鮮魚攤，請店家把生魚片放在白飯上，鮮甜的干貝、鹹香的鮭魚卵、肥而不膩的螃蟹、入口即化的鮪魚肚，愛吃什麼魚就放什麼魚，放多少都沒問題，吃到舔嘴咂舌、大呼過癮。

要是不敢吃生鮮海產也別氣餒，雖然不如札幌拉麵有名，但釧路拉麵也超級好吃喔！充滿柴魚香氣的清爽醬油

和商市場距離車站僅需步行 3 分鐘，是釧路市民的廚房。

雕像身後，幣舞橋夕陽絕美，顯得風雲變幻莫測。

湯頭，讓人想起太平洋的海風，叉燒、筍乾與青蔥是拉麵永遠的好夥伴，再加顆半熟的溏心蛋，就是奢侈的一餐。釧路拉麵的特點是麵條，為什麼要用這種帶著捲度的細麵呢？

釧路拉麵，冬天吃一碗最能熨貼胃和心。

據說捕魚歸來，渾身還環繞著海上寒氣的漁夫就指望著在拉麵店趕緊喝一口熱湯，為了要迅速提供拉麵，店家便用起了能快速煮熟的細麵了。隆冬之中，迅速把麵條吸進嘴裡，再喝一口熱湯，果然全身都暖和起來，真是痛快。

吃得打飽嗝，除了在海岸邊散步消化，也不妨到「港文館」看看，港文館是位於港灣休憩所的文學館，展出日本近代詩人石川啄木的相關資料。石川啄木雖出生於岩手縣，但曾調職到北海道，並在釧路新聞社（現在改稱為北海道新聞社）擔任記者，港文館正是一度被拆除的報社建築原址重建，當時設立會客室及編輯室的二樓，因為石川啄木與釧路及報社的淵源，便成為啄木資料館，一樓則有咖啡廳和伴手

港文館復刻當年的紅磚建築，洋溢昭和時代歐洲風情。

禮店。

即便石川啄木文采斐然，卻是典型的渣男文豪，不但流連於花街柳巷，還四處跟朋友借錢，以今日物價換算借款超過日幣一千四百萬圓，簡直是債台高築了，而且花心名聲廣為流傳，他曾經在新詩社為別人修改詩文賺取生活所需，這時他已經結婚，卻每每趁機寫情書給其中一位委託他改稿的女性，不只如此，他又對另外一位委託人「平山良子」寄來的照片一見鍾情，同時也寫了情書給良子。

然而惡人自有惡人磨，原來，良子竟然不是女性，而是名為「平山良太郎」的男子，平山擔心自己是男的，石川啄木會改稿改得不認真，於是決定偽裝成女性，發現儘管這樣，啄木還是不夠努力，竟然附上了京都祇園藝者的相片，沒想到美人的照片魔力超群，迷倒了啄木，這下事情大條了，平山也唯有言明事實，讓啄木大受打擊，這段真假男男戀真是讓後人看得好氣又好笑。

「他有什麼好受打擊的啊?明明就自己很渣啊！」

「可謂是：十個文豪九個渣，要嫁就嫁泉鏡花！」

「哈哈哈！真的，近代文壇也太多渣男了！」

我們討論著離開港文館，石川啄木渣歸渣，詩文確實動人，他在釧路留下了許多優美的詩句，釧路便也將詩人的偏愛刻為詩碑，供後人進行文化巡禮，走過詩人當年的生活痕跡，慢慢閱讀他的一字一句，

石川啄木雕像位於港文館旁，背後就是釧路港。

漫步於幣舞橋夕陽下，歐風街燈更添浪漫情趣。

就不難理解為什麼他的個性令人不敢恭維，卻還是受到喜愛了。

時間逐漸流逝，要到夕陽西下的時刻了，趕快前往幣舞橋吧！幣舞橋架於釧路川上，可以看見釧路港，橋上立著代表春夏秋冬的女性雕像「四季之像」，幣舞橋視線開闊，日落之時，海水染紅，夕陽沉入太平洋，暗色欄杆、洋風街燈，雕像將手伸向紅色天空，景色浪漫唯美，與峇厘島、馬尼拉灣並列「世界三大夕日」。

日落如此短暫，遊客屏息以待這一天最後的璀璨，斜陽義無反顧地奔向海港，隱沒在視線之外，街燈一盞盞亮起，宣告著夜的來臨。

才剛看完這幻想般的美景，腹中饞蟲卻是個現實的傢伙，不留給我們一點沉澱的餘韻，開始煞風景地大聲鳴叫。沒辦法，今晚就吃爐端燒吧！

爐端燒發源於釧路，店主人坐在店中間，面前的鐵網上燒烤著今早才捕獲的珍饈海味，顧客就圍在爐子四周。老師傅對火候的掌握恰到好處，油光閃爍、外脆裡嫩的烤魚上桌了，魚肉軟嫩多汁，筷子根本停不下來，一邊被燙得呵氣，又急著去挾下一口，我的胃好像不記得中午也吃了大餐，被味蕾上的美味所欺騙，急得我猶如一個月沒吃飯。

好不容易終於安撫了饞蟲，街燈和星光之中，我們踏上了往旅館的歸途。如果一天胖一公斤，我能在釧路待幾天呢？醉意之中，我憂心忡忡地計算著，隨即又拋開念頭，和友人們討論起接下來的行程。

不管了！今朝有酒今朝醉，人生就如同海港城市裡的夕陽，也許是因為短暫，所以顯得美，但既然這麼短暫，就更要天天晴朗、時刻輝煌，美食美景都在等著我，哪顧得上煩惱那麼多呢。

Info

釧路阿寒觀光資訊
官方中文網站

港文館
官方網站

大家圍繞著師傅，爐端燒現烤現吃，暖和又親切。爐端燒烤魚肥美鮮甜，讓人意猶未盡。

北海道 阿寒郡

釧路濕原與鶴見台

在北海道，丹頂鶴（タンチョウ）被北方民族阿伊努人稱為「薩路路卡姆伊」（サルルンカムイ），意思是「濕原之神」，阿伊努人與自然共生，崇敬自然，「阿伊努」是「人類」的意思，而相對於人，大自然是神靈「卡姆伊」所在，所以屬於自然的許多動物都叫做「卡姆伊」，例如貓頭鷹被稱為「森林守護神」（コタンコロカムイ），棕熊則是「山神」（キムンカムイ），而居住在濕原之內，身姿優美的丹頂鶴，自然就是濕原之神了。

丹頂鶴展翅飛翔，如同神鳥掠空。

十一月到三月，寒冬來臨時，釧路濕原冰封萬里，丹頂鶴便會離開居住地，到濕原外找東西吃，若在冬季光臨釧路，便有機會可以瞧見成群的白鶴，假若運氣夠好，還能目睹浪漫至極的求偶舞蹈。為了確保能觀賞丹頂鶴，行前規劃非常重要。

「極端地說，沒見到鶴，釧路等於白去！」

「要確保有鶴就該到動物園吧？」

「動物園都一個樣，當然是要看野生的鶴啊！」

「那就去釧路市濕原展望台和鶴見台吧？展望台周邊有散步用的木道，上去後可眺望濕原，鶴見台則是號稱有最多鶴的，距離也比較近。」

「好！就這樣，完美！」

排完行程，信心滿滿的我們出發了。

釧路市濕原展望台距離釧路車站大約四十分鐘車程，在車站搭乘阿寒巴士於「濕原展望台」公車亭下車即可到達。

紅磚建築上呈圓形，靈感來源是濕原植物「谷地坊主」（ヤチボウズ，谷地和尚之意），這種草每年枯死以後，都會從頂上再長出新芽，逐漸變成圓型，就像一顆圓滾滾的光頭，非常有趣。

濕原展望台的二樓有許多濕原動植物的展示，三樓除了濕原，還能遠望釧路的街道，天氣好時，阿寒眾山連綿不絕，景色宜人。從展望台旁的木道入口進入，散步一圈大概

（圖左）走在木板道上，可觀察到周遭的動植物。（圖右）從展望台，可遠眺濕原景色。

要花一個小時，途中有好幾個展望點可供遠眺。我們慢悠悠地步行，盡情觀賞各種植物，偶爾停下來玩雪，可惜隆冬時節，動物都躲藏在森林內，不肯露臉。

釧路市濕原展望台之外，釧路還有許多欣賞濕原的景點，例如唯一可走在濕原當中的「溫根內木道」；能觀賞谷地坊主群生地及湧水的「夢之丘展望台」；讓泛舟愛好者趨之若鶩的「塘路湖」，湖畔也有步道能夠觀察野鳥；能近距離望見廣大濕原的「コッタロ濕原展望台」，據說帶著望遠鏡有機會看見丹頂鶴；濕原東側的「細岡展望台」是日落景點，夕陽西下時釧路川與濕原閃閃發光，美不勝收；當然還有位於濕原北部，不得到許可無法進入最深處的秘境「キラコタン岬」，都非常值得一去，不過這些景點大多交通方式比較複雜，能開車才方便前往。

一窺濕原風光後，該是時候搭車前往此行的最大目的地：鶴居村的「鶴見台」了！

大約一百年前，在釧路濕原發現了野生的丹頂鶴，由於棲息地減少等原因，丹頂鶴一度被認為已在日本滅絕，丹頂鶴的保護運動如火如荼地開

鶴見台是冬季丹頂鶴的最佳觀賞地。

始了，發現區域被指定為禁獵區，之後釧路的丹頂鶴連同其繁殖地被列為天然紀念物，整個北海道都在關注這裡。

一九五二年，大雪之中，釧路濕原成為凍土，飢餓的丹頂鶴飛到濕原外的鶴居村，當地村民試著餵食，也許是明白了鶴居村有東西吃，每到嚴冬，釧路濕原結凍，丹頂鶴便會來到鶴居村吃東西，這正是鶴見台的由來。這年，全釧路僅有三十三隻丹頂鶴，是個叫人捏一把冷汗的數字，經過半世紀的努力，復育活動小有所成，終於超過一千隻，而鶴見台也成為冬季丹頂鶴的最佳觀賞地，運氣好時能看見一百多隻丹頂鶴啄食玩耍。

「所以我們這是……運氣不好？」站在不見一片羽毛的欄杆前，我們深受打擊。

沒錯，今天一隻鶴都沒有，怎麼會這樣呢？焦急的我們趕忙詢問當地村民。

「因為今年是暖冬啊！濕原早就解凍了，鶴畢竟是野生動物，濕原裡有食物可吃，就回家去了。」村民無奈地解釋道。

「那怎麼辦！」我們急得快哭出來，「在這裡等的話，牠們還會回來嗎？」

「我也不知道啊！你們願意就等等看，但是，唉……」村民搖搖頭，踱步離開了。

我們面面相覷，大家眼裡都是沉重的神色，好不容易來到釧路，卻沒有丹頂鶴可看，難道真的要去動物園嗎？

「嗚嗚嗚……可惡的全球暖化！」我抱著頭蹲在地上。

「振作點，我們就等等看吧！也許還有機會呢？啊，對面有伴手禮店，中午也到了，不然我們去吃個飯吧！」

鬱悶的我們越過馬路，前往禮品店「どれみふぁ空」，一邊吃冰淇淋一邊在窗邊探頭探腦，期間還有野生的鹿漫步而過，雖然可愛模樣令人會心一笑，但丹頂鶴始終沒有來。

再沮喪也得吃飯，禮品店的餐廳內有以丹頂鶴特徵為造型的「丹頂鶴咖哩」，點來解饞吧！沒想到咖哩香氣四溢，出乎意料地好吃，原來這家店的餐廳不只在菜單設計上新穎有創意，還使用了大量當地的新鮮蔬菜、香料、起司等，真是意外之喜。

吃了一頓美食，我們又重新湧起鬥志，向禮品店老闆詢問還有哪裡可能出現丹頂鶴。

丹頂鶴綠咖哩飯模擬丹頂與頸部黑羽的意象。

「從這邊可以一直走到音羽橋，那邊也是看鶴的景點，只是那是鶴睡覺的地方，一般都是要凌晨才能看得見。」老闆思索著與我們討論，「你們還是去看看吧！路上注意一下周遭，偶爾會有落單的鶴在田裡找東西吃，要是運氣好呢？」

如果運氣不好，就當是去橋上看風景的吧！音羽橋離鶴見台大約要步行半小時，但反正也沒有安排看鶴之外的行程了，現在的我們有大把的散步時間。

凌晨3點左右，常有丹頂鶴單腳立在雪裡川上睡覺。

白茫茫的大雪又開始當頭落下，我們撐著傘，在凜冽的寒風裡前進，街道上不聞人聲，只有雪簌簌飄落，路旁的欄杆裡，牛群咀嚼著牧草，對路過的我們毫無興趣。

音羽橋橫跨在雪裡川上，這兩者的名字都很詩意，景色確實也美極了，透亮的長河緩緩流動，河面如明鏡一般映出樹木，岸上積雪漸融，風雪轉小，遠處的天空開始放晴，透出一點淺淺的藍色來。

我們趴在橋上，沉默地凝視著仙境一般的景色，儘管很遺憾仙境裡沒有仙鶴，但旅行就是這樣的，總有些事情不如意。

「出門前該拜拜的，濕原之神沒有保庇。」

「神也是要回家的嘛！不能一直待在人間啊！」

我們也該回家了，談笑著踏上了歸途，已經確定看不到鶴，大家都放鬆下來，北海道的景色如此開闊，天空高遠、草原廣漠、樹林茂密，不時為了路邊不知名的植物停下來討論，慢慢地欣賞也很好。

突然，雙眼視力一點五的友人用力拉住了我的衣襬，「欸，你、你們看那是什麼？應該不會是白鷺鷥吧……？」

「啊？」我們望向他所指的方向，田野之間，一隻白羽的鳥類正在漫步，牠脖頸纖細、雙足修長，每一個走動的步伐都優雅極了。

「是鶴嗎？是丹頂鶴

丹頂鶴親子出遊，令人驚艷。

嗎！？」友人摀住自己的嘴，小聲地尖叫著。

「等、等一下！太遠了！」我手忙腳亂地翻出早已收起來的相機，調整焦距，「是丹頂鶴！頭是紅色的！」

「啊啊啊！我們看到鶴了！我們看到鶴了！」友人們開心地互相擁抱，害怕把野生的鶴嚇走，聲音和舉動都壓抑極了，即使如此，大家的臉上都帶著抑制不住的笑容。

「那邊還有耶！」

「好好看啊！羽毛好白啊，像雪一樣！」

「臀部的羽毛是黑色的呢！」

「不是啦！我有查過，那是牠翅膀上的羽毛，折起來搭在屁股上而已。」

「腿超級細，好美啊！」

我們顛三倒四地誇獎著，沒有心理準備，不知道該如何讚頌這優雅的濕原精靈。忽然間，丹頂鶴成群飛起，黑白分明的翅膀張開，乘著風，似乎毫不費力，猶如統治這片土地的神靈，巡視著屬於祂的領土，這瞬間，我確實感受到一種神性的美，那是源於野生自然的、不受束縛的、自由的美。

我們抬著頭，震撼地仰望，連尖叫聲都發不出來。

「不愧是卡姆伊啊……」

友人嘆息著說。

「再見，謝謝您！」我們揮著手，目送著鶴群消失在雲層之間，那是往釧路濕原的方向。

山紫水明，風平浪靜，雪終於完全停了，寒冬即將過去，陽光融化了濕原的冰層，生物繁衍，維持著這獨特的生態圈，到了春天，幼鳥破殼而出，丹頂鶴家族越見壯大，希望終有一天，能撕下瀕臨絕種動物的標籤。

大自然在呼喚，濕原之神即將回歸祂的領地。

Info

釧路阿寒觀光資訊
官方中文網站

北海道鶴居村
官方網站

觀光協會提供的
丹頂鶴觀察地圖

北海道

帶廣市

對喜歡乳製品或西點的人來說，帶廣真是天堂中的天堂。道東，廣大的十勝平原一望無際，在北海道的開拓時代，大量的本島移民湧入這裡，大規模發展農業和畜牧業，從名氣響徹全國的馬鈴薯，到玉米、番薯、蘆筍等新鮮蔬菜和牛奶、肉類、起司，以及使用了當地生產的小麥粉、砂糖、雞蛋、紅豆等製作的甜點，不僅造就了農業王國，也成就了甜點王國、美食王國。

豚丼的烤香豬肉既厚實又軟嫩，美味超值。

帶廣是十勝地區最大的城市，自然資源十分豐富，不但有溫泉可泡，更有不少森林和庭園可看，十勝千年之森腹地廣大、六花之森擁有多種季節花草，能眺望十勝連峰與帶廣市區的十勝之丘、精緻美麗的紫竹花園、綠蔭濃厚的真鍋庭園，都很適合花時間慢慢地散步放鬆。

但要說必去景點，肯定還是牧場了！帶廣周圍有不少牧場，除了看牛羊漫步吃草非常療癒，最重要的當然是享用現擠牛奶，還有用新鮮牛奶做成的冰淇淋囉！

要說全日本第一名的鮮奶冰淇淋，那肯定會是在北海道，雖然每家都各有特色，但幾乎可說是全無地雷，北海道的冰淇淋、霜淇淋、義式冰淇淋都好吃極了，鮮奶風味濃郁，沒有任何人工添加劑的不自然感，一口咬下，廣闊的草原連著藍天，一片閒適景色便在眼前擴散開來，白雲飄過，幸福到了極點。

緊接著就該吃甜點啦！

有許多北海道知名甜點店家的

從路邊就可看見牧場和乳牛，心情很放鬆。

牧場外的裝飾品，使用牛乳罐並加上彩繪，很具在地風情。

本店都在帶廣，例如以鬆軟可口甜番薯（スイートポテト）聞名的「小紅莓」（クランベリー），手工甜點可謂絕品；囊括和菓子與洋菓子的「柳月」，不只在帶廣車站附近設有店面，另外有甜點工廠（柳月スイートピア・ガーデン）可供參觀並體驗做甜點的樂趣；要是喜歡麵包類，也可以去「滿壽屋」（ますやパン），使用了十勝小麥的紅豆麵包、奶油麵包、紅豆甜甜圈等日式麵包令人垂涎三尺。

但要說最有名的，果然非六花亭莫屬了吧！將萊姆葡萄與奶油餡做成夾心餅乾的「奶油夾心餅」（マルセイバターサンド）是當之無愧的長銷王者商品，餅乾濕潤柔軟，奶油香氣芬芳，葡萄乾的甜度也剛剛好，美味到令人震驚，離開帶廣時我買了一盒，真是太小覷六花亭了，最後沒能成功送出任何伴手禮，全被我的胃袋攔截。

六花亭的本店有咖啡廳，不妨在下午茶時段光臨，好好享受甜蜜的午後時光，如果只是純粹買伴手禮也沒問題，每種甜點各買一個試吃，挑出最好吃的才顯誠意！店內還會免費提供咖啡搭配，也有一些現場限定的甜點，非常值得走一

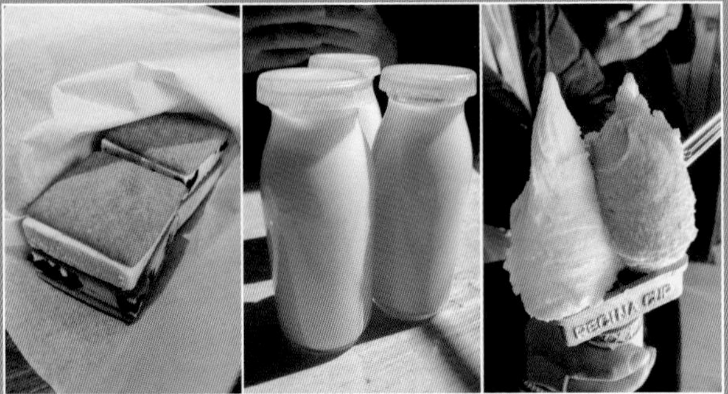

（左）六花亭招牌產品奶油夾心餅乾的冰淇淋版，內用可搭免費咖啡。（中）牧場現擠的牛奶，當場現喝最新鮮。（右）當季的義式冰淇淋，一次來雙份才過癮。

趟。

俗話說得好，吃甜點是另外一個胃，雖然已經把它裝滿了，吃正餐的胃可還空著呢！十勝是畜牧王國，肉品肯定好吃，都來了，怎麼能不吃帶廣名產豬排蓋飯（豚丼）呢！

由於豚丼名揚海內外，我在東京也吃過一次，當時的感想是：就在飯上放幾塊柴柴的豬肉，有啥了不起？怎麼配得上招牌美食的名頭？但當我在帶廣排完長長的隊伍，踏進店裡，烤肉的香味撲鼻而來，我就知道，肯定是東京有問題！果然，上桌的蓋飯飯碗一打開，木炭噴香，烤製的豬肉厚實軟嫩，一咬下去，肉汁滿溢而出，把味蕾記憶全部刷新，鹹香的醬汁下飯極了，讓人恨不得再多長三個胃，我一邊流淚扒飯，一邊向碗裡的豬排道歉：誤會你了，對不起啊！都是那家店不行！

一碗蓋飯分量十足，吃得打飽嗝，沒關係，明天多走點路，肯定能消化掉，到美食王國旅遊，就要有多排一些散策路線的覺悟，但這些美好回憶，我可要全裝進肚子裡帶回家！

Info

在帶廣市內旅遊，乘坐巴士非常方便，「拓殖巴士」和「十勝巴士」都各有推出周遊券、回數券，可以根據目的地做選擇。知名景點「幸福車站」、「愛國車站」等都可以坐巴士到達。

北海道 中川郡

十勝池田葡萄酒城

起伏的丘陵上，青翠綠色蔓延開來，葡萄藤架上的樹葉隨風搖曳，到了收穫時節，紫色寶石般的果實結實纍纍，一片充實的豐收景致，但這些葡萄並不是拿來食用的，這是山葡萄，用於釀酒。

北海道十勝的葡萄酒名聞遐邇，在大部分地區都能買到，很難想像，這片盛況是出於被逼到絕路後的自救之舉。昭和年代，十勝地區接連受到自然災害打擊，地震緊接著連年寒害，農作物被摧殘到不剩一點，深受寒冷氣候所苦的池田町面臨危急存亡之秋，當時的町長提議，既然山葡萄能在環境嚴峻的山野中茁壯生長，池田町的農地為什麼不改種葡萄呢？更何況町內有很多無法開闢為農田的傾斜地，也可以用於種植山葡萄。

這提議雖好，從零開始種植葡萄卻是無法想像的壯烈挑戰，居民們團結一心，花了十年時間努力，山葡萄釀造成的葡萄酒在國際大獎中獲得銅牌，十勝的釀酒之路終於上了軌道。半個世紀過去，十勝成了有名的葡萄酒產地，並在池田建立起了開放觀光的葡萄酒城堡。

城堡中有許多參觀行程，例如堆滿了橡木桶的地下熟成室、能現場觀看製作流程的白蘭地蒸餾室、展示著各種資料的走廊美術館等等，但當然了，來訪的遊客最期待的就是試喝了！一座酒莊好不好，建築和設備都是其次，唯有杯中佳釀才是評斷的唯一基準。

葡萄酒城外觀仿若樸素的中世紀城堡。

一走出池田車站，就能看見巨大的開瓶器意象標示。

葡萄酒城每天會提供一款免費試喝，不妨先試試看吧！這天供應的是基礎款的白葡萄酒，我們興致勃勃地捧著杯子在木桶前排起了隊，小小的杯子盛滿了無限的希望，乾杯！酒液輕快地流過喉嚨，白葡萄酒味道清爽，帶著滿滿的果香。

「好喝嗎？」

「好喝！」

「那要不要花錢試喝別的？」

「當然要啦！就是為這個來的啊！」

如果願意付費，能喝到更多種類的紅白酒，基礎款白酒的滋味順口，提供給了我們信心，試喝櫃台前，我們抓耳撓腮，試圖光靠著介紹就選出最合心意的酒，先喝一輪吧！白酒甜美，紅酒深沉，該買哪一支回旅館搭配十勝起司呢？眾人各有所愛，戰況陷入膠著。

「而且我覺得他提供的火

酒城地窖使用橡木桶盛裝葡萄酒幫助熟成。

玻璃窗後就是葡萄酒瓶熟成展示室。

腿好好吃喔！買火腿回去當下酒菜吧？」

「不是有起司了嗎！」

「怎麼連下酒菜都達不到共識啊！？」

友人們沉吟許久，交錯的視線火光四射。

忽然，有人提議：「那不然……再喝一輪？」

新的酒杯上桌了，這一款清新，那一款濃郁，有人喜歡單寧柔和一些，有人偏好澀味回甘的感覺，誰也不是專業的品酒師，但都對自己的選擇堅信不移，下一輪酒又來了，意見越來越分散，真命天子出現的時候，會有一種「就是它！」的感動，其他的酒再好喝，還是少了一些韻味，買酒怎麼能妥協呢？

喝得頭暈眼花，眼見友情就要破裂，我挺身而出：「不管了！都買吧！今天喝不完還有明天呢！」

「說得太好了！買！買！都買！」

終於，酒桌旁安靜下來，大家都樂呵呵地拿著酒瓶去結帳了，看見櫃台小姐燦爛的笑容，我總感覺哪裡不對，但醉醺醺的腦袋不允許我想太多。

葡萄酒城觀光的行程結束了，走出城堡的大門，被十勝寒冷的冬風一吹，我們清醒過

酒城每日提供一款葡萄酒讓人免費試喝。

來，面面相覷。

「沒、沒關係，產地肯定是最便宜的，在產地買任何東西都不會吃虧！」

「好像買得有點多了啊……」

「不，沒問題的！不會吃虧！我們立刻就回旅館，一醉方休！」

「你已經醉了啊……」

提著葡萄酒和下酒菜，歡聲笑語之中，我們加快腳步，前往赴下一場不醉不歸的宴會，遠方，葡萄藤隨風搖曳，等待著下一個豐收季節。

十勝的葡萄經過多次改良，演化出眾多品種，變得更適合釀酒，不變的是仍保留著山葡萄酸味強、野性十足的一面，彷彿北國山林間自由的風，也許有些人會喝不慣，但我很喜歡，耐寒的山葡萄順利在此扎根，紫紅色的酒如同生命之水，流淌在池田的地脈裡，帶著屬於此地的特殊風味。

荒廢的丘陵被作物覆蓋，凍僵的田地重新開出花朵，山葡萄拯救了池田的農業，破而後立的池田居民成功了，這是個起死回生的故事。

池田葡萄酒城官網

十勝葡萄酒官網

函館

北海道 函館市

函館的「百萬美金夜景」讓人心生嚮往。

充滿異國情調的浪漫歐風街道、洋溢著生活朝氣的蓬勃朝市。山、海、溫泉、歷史建築，函館擁有吸引觀光的一切要素，來到這裡之後，一定會對接下來的北海道旅行充滿期待。

　函館是北海道中最靠近日本本島的城市，與青森之間除了海路，另有新幹線互相連接，常是北海道旅行的第一站。由於開港早，受西洋文化影響深，就像本島的橫濱、長崎，函館同樣有整潔美觀的西洋風格街道、教堂、公會堂等建築，與此同時，函館不乏許多日本風情的景點以及自然美景，如此風格多變的城市，不排個兩、三天行程，是絕對玩不完的。

　當然，美食也必不可少！身為一個漁港，來到函館，大啖海鮮是重中之重。清晨六點，當其他地方都還在沉睡，函館朝市已經人聲鼎沸，螃蟹、干貝、海膽、鮮魚，還有函館最有名的烏賊，今早捕獲的新鮮海產陳列在攤子上，清蒸、燒烤或是生魚片？假如每天早餐都是豪華海鮮蓋飯，那鐵定天天都精神百倍！

　函館的料理之中，我最喜歡的就是「烏賊飯」（いかめし）了！烏賊飯是函館與渡島地方的鄉土料理，在烏賊裡面塞滿米煮製而成，工序看似簡單，味道卻富有深度，墨魚軟嫩、米粒綿潤，醬油的鹹香與海味的鮮甜同時蒸散開來，令人食指大動，一口接著一口。

到函館，沒吃到烏賊飯會心生遺憾。

最棒的是伴手禮也能買到真空包裝的烏賊飯，自己回家熱一下就能食用，再配上北海道當地產的紅酒，好吃得齒頰留香。

吃完早餐，今天該排什麼行程呢？如果喜歡自然風光，肯定要去大沼國定公園，租自行車遊湖吧！這裡有規劃完善的單車環湖道路，沿著湖邊踩下踏板，景色飛馳而過，湖水微墨，遠山朦朧，清風拂面，水光搖曳，不同時節可以看到不同的花卉，在芬多精包圍中盡情享受自然，若是騎累了，停下來休息之餘，不妨買個冰淇淋來吃吧！使用了北海道鮮奶的冰淇淋超級好吃，吃完元氣滿滿。

而自然景色與歷史遺跡兼具的景點，首推五稜郭公園，五稜郭是日本第一座西洋式城郭，形狀是少見的星星狀，不但是特別史蹟，因為星星內種滿櫻花樹，春天繁花盛放，同時也是著名的賞櫻勝地，而冬天時雖然人潮較少，但雪中的遺跡靜謐優美，護城河有點燈活動，各個季節都很值得一遊。

要是喜歡逛工藝品、精品店，金森紅磚倉庫可說是完美景點，原本是函館的倉庫，被改裝成旅遊設施，紅磚外表懷

金森紅磚倉庫。

舊、氣氛十足，每一間倉庫看似相同，進去後卻別有洞天，有精品、手工藝品、伴手禮等專賣店，也有販售啤酒、美食的餐廳，黃昏時分，洋風街燈亮起，運河畔遊人來去，一磚一瓦都透著獨特的魅力。

夕陽奔向海面，終於，函館的夜來臨了。散落在函館各地的觀光客們如朝聖的信徒，齊齊湧入函館山，纜車駛向山頂，掌燈時分，街道中每一扇窗戶都透出光芒，港灣圍繞著大海，璀璨與深沉對比明顯，互相拉鋸，遠方，隱隱約約的漁火飄盪，這是世界三大夜景之一，被譽為「百萬美金夜

景」的函館夜晚，唯有從山頂展望台眺望，才能享盡這樣獨樹一幟的輝煌港灣之夜。

遊客們不停按響快門，我趴在欄杆上，靜靜地嘆了一口氣。函館是北海道的第一站嗎？必定對接下來的旅程滿懷信心、迫不及待；函館是北海道的最後一站嗎？那麼誰又狠得下心離開北海道呢？豪邁美味的成吉思汗料理吃了嗎？廣大炫目的薰衣草田看了嗎？起司蛋糕、湯咖哩，地方祭典、雪中溫泉……。

我拿出相機一起拍照，努力延長著今夜，不願面對旅程的結束，但眺望著函館徹夜絢麗的燈火，轉念一想，明朝的太陽終將升起，不只星夜華燈，破曉曙光亦是美景，旅程的結束就像一天的落幕，固然寂寞，但下一場旅行終將到來。

春櫻夏月，秋楓冬雪，下一次出發又會看到什麼樣的景色？我已經滿心期待。

Info

如果要搭巴士移動，可以購買函館巴士的一日乘車券，非常划算。如果想搭乘少見的路面電車（市電），也可以購買「市電一日乘車券」，或者兩者都能搭乘的「市電・函館巴士共通一日・二日乘車券」。

交通資訊

函館市觀光資訊官方中文網站

Walker 02

沉浸日本之旅：北日本篇

作者　吳寧真
總編輯　薛永年
美術總監　馬慧琪
文字編輯　蔡欣容
出版者　優品文化事業有限公司
電話：(02)8521-2523
傳真：(02)8521-6206
Email：8521service@gmail.com
（如有任何疑問請聯絡此信箱洽詢）
部分照片提供　PIXTA

國家圖書館出版品預行編目 (CIP) 資料
沉浸日本之旅 . 北日本篇 / 吳寧真著 . -- 一版 . -- 新北市 : 優品文化事業有限公司 , 2021.10　288 面 ; 14.8x21 公分 . -- (Walker ; 2)
ISBN 978-986-5481-11-7(平裝)
1. 旅遊 2. 日本
731.9　110011315

印刷　鴻嘉彩藝印刷股份有限公司
業務副總　林啟瑞 0988-558-575
總經銷　大和書報圖書股份有限公司
新北市新莊區五工五路 2 號
電話：(02)8990-2588
傳真：(02)2299-7900
網路書店　www.books.com.tw 博客來網路書店
出版日期　2021 年 10 月
版次　一版一刷
定價　350 元